ブッダの智《ち》慧《え》で中高生の悩みに答えます

アルボムッレ・スマナサーラ
Alubomulle Sumanasara

創元社

装画　坂本伊久子
装丁　寺村隆史

目次

第2章 人間関係に悩む――家族・友人・恋愛

第3章 勉強に身が入らない——学校生活・宿題・学歴

第4章 社会に対する疑問——事件・SNS・お金

はじめに

教育とは生き方を教えることです。学校教育においても、そうした姿勢やこころざしを持つ教育者の方々はたくさんおられることでしょう。とはいえ、学校教育の現場では、知識を教えることが優先され、生き方を教えるところまではなかなか手が届かないのが実情ではないでしょうか。道徳教育というカリキュラムが設けてあっても、学校内だけで生き方の教育を完結させるのは難しいものです。

そのような状況を踏まえ、自分らしく生きることや幸せになるにはどうすればいいのかと、悩んだり疑問を抱いている現代の中学・高校生に向けて、人生の指針や答えが得られる本をお届けしたいと企画しました。

中高生の質問に回答するアルボムッレ・スマナサーラ長老は、テーラワーダ仏教（上座《じょうざ》仏教、初期仏教）の僧侶として、一九八〇年の来日以来、日本国内を主舞台に息の長い活動を続けてこられました。宗教色のない「こころの科学」として、人生を探求し、「生きる」という謎を解いたブッダの教えを紹介し続け、多方面で活躍されています。学校や家庭では容易に対応できないような、生徒や子どもが投げかける人生の問いに対して、科学的ともいえる明解な答えを導き出せる長老は、生き方の指南役として適任といえます。

ブッダの智慧《ちえ》に基づく長老の回答は、読者に新しい視点や価値観を提供する機会になるはずですし、主対象は中学生から高校生ですが、大人の方々にも役立つ内容になっていると思います。

本書の編集・製作にあたっては、一つ一つの質問にその場で答えていくスマナサーラ長老の語り口を、できるだけ生かすようにしました。中学・高校生にも理解できる平易な言葉で、時に少し打ち解けた話しぶりになっているのはそのためです。優しい語り口であっても内容は実に奥深く、誰もが生涯にわたって探究すべきテーマですが、読者の皆さんはぜひとも直接、長老から語りかけられていると想像して読んでいただければ幸いです。

なお、本書の質問は、雲雀丘《ひばりがおか》学園（兵庫県宝塚市）の先生方のご協力により、同学園の中学生・高校生から集めていただきました。

また、本書の出版にあたっては、同学園の鳥井信吾理事長からの多大なるお力添えがありました。

皆様のご尽力に感謝を申し上げますとともに、本書をとおして悩み事や生き方の参考になる答えが一つでも見つかることを願っています。

『ブッダの智慧で中高生の悩みに答えます』企画・編集スタッフ一同

第1章

自分の将来に迷う

進路・夢・生き方

質問1

未来、将来のことで悩んでいます。後悔しない選択の方法を教えてください。

将来のことで悩むのは、仕方がないのですよ。なぜなら、誰だって将来は知らない。我々はどんな計画を立てても、世の中がそのとおりに動くかはわからない。だいたい世の中の流れを見てみると、みんな知っているでしょう。突然何か起きてしまうのですね。ニュースなんか見ていると、突然何か起きてしまって、戦争が起きたりとかね。

いろんないくつかの国々がミサイルを発射したり実験したりして、そういうのが突然どこかの国に落ちたらどうなるかということはわからない。

そういうわけで、我々は、計画的に、安心して、「こういうふうに生きてみたい」と思っても、それは壊れてしまうことがあります。ですから、将来のことで悩むのではなくて、将来はいつだって不確定、確定できない。そんな状態で、考えたほうがいいのですね。

たとえば子どもにも、大人にもわかる例を挙げてみます。今度の日曜日にハイキングに行きましょうと言って、着々と準備するのだけれど、今度の日曜日に雨が降らなかったらハイキングにしましょうと。そこでちょっと条件がついているのですね。雨が降ったらハイキングには行かない。

しかし、ハイキングの準備はする。同時に、雨が降ったらどうしようと。日曜日、何もしないで、じっといるのでしょうか。それなら、雨が降ったら、建物の中でこういうゲームでもやりましょうかと、二つぐらい計画を立てておく。計画Aとか計画Bとかね。A案が実行できなければB案に行く。ABCDは自分の好みの順番でつければいいのですね。

選択Aはハイキングに行くこと。それができなかったら、落ち込んで悩むのではなくて、選択Bにする。だいたい将来の選択をする場合は、そういうふうなやり方があるのだと覚えておいたほうがいいですね。後悔しない選択方法なのです。提案Aがあり、提案Bもあります、CもDもありますよとかね。そうすると、いつでも自分がベストの選択をしたことになるのです。

提案A、まずはこれがベストでしょう。これを実行できなくなったら、そうすると提案Bがベストになってくるのです。そういう感じで、いくつかの選択を選んで並べておいたほうがいいのです。

次に「人生でいい選択肢だけを選ぶ方法は？」と質問されていますけれど、同じ答えです。

質問2

人生でいい選択肢だけを選ぶ方法は？

だいたい全部いい選択だけしてください。いい加減でふざけて、やってみようか、どうしようか、なんて中途半端ではなくて、こういうこともやりたい、こういうこともやりたい、こういうこともと言って、ＡＢＣＤで。

ＡＢＣＤは、自分で一番ベストな順番という意味です。ベスト1、その次、次、次と順番をつけておくのです。ベスト1をやろうと頑張ってみる。でも、あまり条件が揃ってこない。だったら2に行くのです。2がベストになるのです。

問題は、将来やりたいこと。次に「将来やりたいことについて悩んでいます」という質問があります。

質問3

高三（高校三年生）です。将来やりたいことについて悩んでいます。正直これでいいのかと思ってしまうことが多くて、自分がわからなくなってきます。このような時はどうしたらいいのでしょうか。

これもよくあることです。どうすればいいのか、よくわからないとかね。

この性格は二種類あるのです。一つ目の性格の人は、ずっと何となく、親が言うとおりに、教師たちが言うとおりに、クラブ（部活）の仲間が言うとおりに、何か歯車のように回転しただけの人です。親が朝六時に起きなさいと言ったら、六時に起きる。朝七時半に朝ご飯を食べなさいと言ったら、わかりましたと、ちゃんと七時半に朝ご飯を食べるとかね。大人はほめますよ、しっかり言うとおりにやってくれる子だと。

でも、その子は人間ではないのです。ただの歯車、ただのロボットなのです。学校に行ったら、教師の言うとおりにする。教師たちは「いい子ですよ、何の問題もない」と言う。悩むことは何もない。宿題をやりなさいと言ったら、ちゃんと宿題をやってくる。

これ、将来性ゼロの大人から見れば、表面的には「いい子」です。しかし、将来性のある、これから大人になる人間にとっては、ちょっと困るのですね。ロボットは要らないのです。みんな、ロボットになる。ロボットにされてしまう。教育システムというのは、人間をクローン人間のような感じで、ロボットにするプログラムなのです。

将来、それがさらに、きつくなるのですよ。完璧なデジタル世界になるのだから。デジタル世界になったら、ある一つ二つ三つの巨大な会社で人間を管理するようになります。政府の力はなくなってしまうのです。グーグルやフェイスブックのような、そういういくつかの巨大な会社が世界の人間をコントロールするということになります。

我々は昔、政治的な独裁者をいやがっていたのですけれど、今度は政治家の権力もなくなって、消えてしまって、会社がすべてを握るということになります。より悪いとは思います。会社にとっては自分がつくった品物を買ってくれる消費者しか要らないのだからね。会社は自分の儲け以外、何も考えませんからね。

政治家は、ある程度まで国民の面倒をみなければいけないということは考えているのです。会社はそんなことに興味はない。自分の品物を買ってくれればそれで充分です。儲かるのだから。将来、デジタル世界がより一層進んでいくのだから、人間がロボットに、プログラムどおりに動くロボットになったほうが便利なのです。だから、教育システムはどんどんそういうふうに変わっていきます。

プログラムに従わないのが人間

しかし、本当の人間というのは、何をするか読めないはずなのです。みんなこの道路を左に曲がって、ずっと進んでくださいと言っても、まあ、横道に行ったらどうでしょうと思うことが人間なのです。横道を走ったら、人の土地だけれど、そこを通っていったら早く目的地に着くぞと。

プログラム的には決まっている道路があって、決まっている道路を行かなくてはいけないといっても、突然何か変なことを考えて、変なことをするのが人間のやり方なのです。それはもう、大人がいやがることだから、大人は言うとおりにやってほしいと考える。これからは、大人からもその仕事を取ってしまって、みんなデジタルプログラムで、誰かが組み立てたアルゴリズムに合わせて生きることになります。

　将来のことで悩んでいるという場合は、今説明したことは言われたとおりにやってきた。自分では何も考えていない。朝七時半に朝ご飯を食べてくださいと言われたら、ちゃんと七時半にご飯を食べて、ほめてもらう。しっかりやりましたよと。そうすると、その子は、朝ご飯を食べてから次にこうしなさいという指令がなかったら、じっと待っている。そういう性格タイプなのですね。

　もう一つの性格タイプは、あれもやりたい、Aもやりたい Bもやりたい、Cもやりたい Dもやりたいけれど、ああ困った、どうすればいいかわからなくなった、という状態なのですね。

　その人々は、ロボットではないのです。たとえば七時半に朝ご飯を食べなさいと言っても、七時半に面白い番組がテレビで流れていると、朝ご飯はあとで食べます、これを観てから行きます、と突然プログラムを変えてしまうのですね。それで母親は怒るけれども、本人はあまりに気にしない。大人は怒鳴るのですね、「言うとおりにやらない、いい加減な子どもだ」とね。

　しかし、その子は、やりたいことを見つけたら、それをする人間なのです。本当は、将来性がある人間なのです。将来性がある人間は、くどくどと言われるのですよ、大人から。大人は年を取って死んでしまいますから、大人が生きた時代を、そのまま真似しても意味がないでしょう。大人の言うとおりに真面目になぞっても、その価値観が変わったらどうしますかね。

たとえば伝統的な日本舞踊を、お母さんの頼みや興味で、子どもが一生懸命に時間をかけて苦労して学んだとする。趣味として。でも、そういうものを若者は誰も見たくない。若者は、自分の好きな音楽をかけて、新しく開発したダンスを踊っている。そのそばで自分は日本舞踊を踊っているというのは、本人にとって幸せなのでしょうか。物事は何でも時代遅れになっていきます。

そこは若い人々が自分で考えなくてはいけないですね。ただ、古いものは全部蹴《け》っ飛ばしてやるというと、自分の人生を組み立てることもできなくなります。教えてもらうものは教えてもらいながら、やっぱりもっと将来を見ていかなくてはいけないのです。

時間は一つしかない

とにかく、前にお話しした二番目の性格タイプは、あれもやりたい、これもやりたいと思っていて、悩んでしまうのです。どうすればいいのかと。人生というのは、時間という固定したフレームに乗せてやらなくてはならないのです。時間は延びないのです。リセットもできない。

たとえば大学に入りたいといって、とにかく三つの大学が気に入っているのだとする。選ぶのは面倒くさいから大学Aに入って勉強してみて、まあいいや、Bに入って勉強してみて、ああもうけっこう、Cに……。これはできません。だって時間は延びてくれませんから。大学三つに入って勉強しても、卒業する時に年齢は二二歳とか二三歳ぐらいだったらOKだけれど、そうはならないのですね。一八、一九歳で一つの大学に入ったら、卒業する時は四年経ってしまっているのだから、次に就職しなくてはいけなくなるのです。

そういうわけで、時間は一つしかないのだけれど、やりたいことはいくつかあるということが現実なのです。前も言いましたけれど、好きなものを全部ＡＢＣＤに、好きな順番で順位をつける。どうしても一位のＡを選びたいのだけれど、できそうになければ、Ｂにする。

大学を選ぶ場合は、ＡＢＣＤを選んで、Ａは一番入りたい大学。試験を受けてみたらアウト。ではＢにしますと。それなら自分がいつでもベストの選択をしたことになる。悩む必要はないのです。だってAは不合格だったから、自分に関係ないのです。そういうふうに悩まないで、しっかり進むことができます。

優先順位をつける考え方

だいたい、正直これでいいのか、と思ってしまうことが多くて当たり前なのです。だから順番をつけてみるのです。自分がわからなくなってきたなら、選択順に決めれば、優先順位をつけておけばいい。

そこでやり方を考えてみる。妄想すると際限がないのだから、できるだけ紙に書いてみる。これは携帯電話でメモをするよりは、紙に書いてみたほうがいいのです。これをやりたいと紙に書いておいて、あ、これもやりたいとなったら、それも紙に書いておく。一ができれば、一をやる。一はできそうにないとなったら、じゃあ二にする。

別なたとえにしてみると、夏休みに外国旅行をしたいとする。どんな国にしようか考えると、世界にはたくさん国があるのですから、第一にこの国に行きたい、二だったらこれ、三だったらこれというふうに選択順に挙げていく。ただ、第一の国といっても、旅行する時間は、たとえば一週間しかないとする。そこでロシアとかアメリカとかオーストラリアとかの大きな国を選んだら、飛行機から降りて、ちょっと動いてから、また飛行機に乗って帰るだけになる。行っただけで何もできなくなってしまう。一週間で思う存分その国を探索したいと思ったら、それなりの大きさの国を選ばなくてはいけないですね。アメリカを存分に旅行するなら、最低一か月くらいは必要でしょうしね。

そんな感じで外国に行きたいと思ったら、ＡＢＣＤと順番をつけて、Ａには行けないなあ、ではＢに。Ｂだったらこういう問題が……ではＣにしましょうと、こういうふうに決めて実行することができます。夏休みだから時間は固定されていますね。夏休みを二つもらうわけにはいかないのです。一つしかないから、我々は時間というフレームのことを、フレームは固定していることを覚えたほうがいいのです。

では、よくある次の質問に進みます。自分の将来のイメージや、将来自分がどんな人間になるかわからない、という問題です。

質問４

自分の将来のイメージがつきません。将来の夢はどのように見つけたらいいですか。

はい、そんなことは忘れてください。それはできないことです。私の言葉で言えば、将来あなたは、おじさんかおばさんになるでしょう。それが現実ですね。そう聞くと気持ち悪いでしょう。いやなことを言うなあと思ってしまうでしょう。だから忘れてください。結局、将来のイメージというのは、誰にしてもそうです。誰にしても。何の面白さもないのですが、おじさんかおばさんになってしまうのです。だから、そんなことは考えないほうがいいのです。

だいたい、自分がやりたいことをすれば楽しいでしょう。自分がすることをまわりも評価してくれるなら、より一層楽しいでしょう。自分が小学校で描いた絵があって、これをみんながいいねいいねと言ってくれたら、楽しいのですよ。その調子で、自分が好きなことをする。ただ勝手に、私が好きだからするというのではなく、まわりは評価するのでしょうかということを考えておいて生きてみればいい。そうすると、将来のイメージというのはあまり関係がなくなってしまうのですね。

よくみんな将来の「夢」という言葉を使うのだけれど、私は言葉に気をつけたほうがいいと思いますね。いとも簡単に将来の「夢」という言葉を使うのだけれど、それよりはデジタル的に、将来の「プログラム」は何でしょうかと考えてみる。

プログラムだから、自分にどんな能力があるのかということです。能力があることは発見しやすいのですよ。能力があることをやっていると、何かすごく気分爽快《そうかい》なのですね。気持ちがいいのです。たとえば数学ができる人が数学をいろいろやっていると、面白くて仕方がなくなってしまうのです。あるいは文学作品を書きたい人が、何かすらすらといろんなことを書くと、楽しいのですよ。ちょっと何かノートを持ってきて、何かストーリーを書く。くだらないストーリーでも、書いていると楽しくて仕方ないのですね。それは自分の能力がある世界なのです。

では、もっとまともな作品が書けるかどうか。どういう書き方がいいか、言葉はどう使えばいいか、そうしたことは誰か知っている人から学べばいいし、あるいはそれなりの本もありますから、本を読めばいい。文章を書くことが好きな人は、いろいろ本を読んで、その作家がどのような言葉を使っているのか、とか、その技を覚えたりして、どんどん作家の世界へ進んでいくのです。

ですから、将来、〇〇賞をとる作家になるとかいった「夢」がないほうがいいのです。日本でもいろんな文学賞があります。芥川賞とかね。外国にもあります。それは考えないほうがいいのです。考えたら「夢」になるのですね。たとえば芥川賞をとりたいと高校生が思ってしまうと、結局たいていは、どこかの会社のサラリーマンで終わります。

夢よりも能力を発見する

夢という言葉はちょっと危険な単語です。そうではなくて、自分の能力をチェックするといい。能力はいたって簡単に発見できるもので、すごく楽しくて、何かやりたくなって、時間も忘れてしまうということが自分の能力があるところなのです。

一方、ゲームをやってしまうと、時間はどうなるでしょうか。ゲームに没頭するのは能力ではありません。それは麻薬中毒と同じく依存症なのですね。はっきりしていることは、ゲームができる人だから高い給料を払いましょうとはなりませんから。そういう給料をもらえないものは、ものすごく危険なものなのです。それは自分が社会の餌食《えじき》になっているだけです。

たとえばゲーム依存になってしまうと、自分がお金を払わなければいけないようになってしまうのです。ゲームをつくった会社が儲かっているだけ。自分が餌食になっているのです。カモになっているのですね。そういうところは限度を超さないように気をつけなければいけない。いろんな遊ぶところはいくらでもあるでしょう。行ったらわかるでしょう。どんなゲームをやっても、お金を払わなければいけない。入場料も払わなければいけない。そういうところは、たまたま行って、余ったお金があったら行って遊んで、さっさと帰って身を守らなければいけないのです。毎日行きたいと思ったら最悪の状態で、人生はだめになるのです。

世の中に人を依存させる仕組みはたくさんあるのだということも、若い時に理解しなくてはいけないですね。依存になるものには限度に注意して生きていかなくていけない。絶対やるなよ、というのではなく、すごく気をつけて、まあちょっとやって楽しかったと、遊んで終わったということにしなくてはいけない。

それで自分の能力を発見して、それをどんどん拡大というかね、向上させて行くのですよ。

どこかの会社の仕事をしたいと思っても、どこかの会社のサラリーマンになりたいと思っても、それって別に地味で暗いことだと思う必要はないのです。自分はサラリーマンで仕事をしたほうが面白くて何かやる気が出てくるなら選んでもいいのです。文学作品や音楽をつくるのはちょっとごめんとか、それは人の能力の問題だから。私はサラリーマンになりたいと、サラリーマンというのはそれなりにすごく立派な、音楽家になるのと同じ立派な仕事なのです。しかし、その世界でも、ただのロボットになってしまうと面白くないのです。その世界でどうやって活発に生きていくのか、ということを考えるのですよ。

質問5 自分の進みたい道に迷いすぎてわかりません。後悔しないような決定の仕方は何ですか。

自分の進みたい道に迷ってしまった……迷う必要はないですね。選択順をつければね。ただやりたいだけで、やってみてだめだったら、別の選択肢を選べばいい。私個人のたとえで言えば、将棋をやっているのを見て、私はこれって面白そう、やってみようと思って、駒の動き方を教えてもらったのです。教えてもらったら、これは無理、自分には合わないと思ってやめてしまいました。一時間以内で駒の動き方は覚えたのだけれど、教える人がまたいろいろ教えながら、試合みたいな感じでやるでしょう。やってみると私には裏の裏が見えて、どんなふうに脳の中でこのパターンをつくればいいか見えてきたから、これはやりたくないよとなった。自分の脳の中身を、能力を莫大《ばくだい》なまでに燃やすはめになってしまう。やりたいことは、まだ別にあるから、これで全部、頭の資源を使ってしまったらまずい。だからもう一時間以内で、将棋は、「はい、さようなら」となりました。

若い時には、誰だってたくさんのことをやりたくなりますよ。でも脳みそは一つしかないのだからね。やってみて、ああ面白そう、進めそう、もうちょっと頑張ったら、もうちょっとできそうと思った道で行ったほうがいいのですね。とにかく選択順、優先順位をつけることで、ほとんど問題は解決すると思いますね。

それから、途中でできなくなったら、どうするか。要するに後悔することになったらどうしようかと。これって困る問題ですね。私たちは、たとえば仕事を選んでも、続かなくなって別の仕事に変わることになる場合もありますね。後悔するのではなくて、選んだ道をとにかく頑張ってみる。いろんな条件で進めないのだったら、別のことを選ぶ。そこで、後悔とは言わずに「経験」ということにしたらいいのですね。

たとえばある会社に入って仕事をする。自分に能力もある。自分の能力からみると、将来性もある。でも、社会経済状況は毎日変わるのだから、それによってこの会社の品物などがもう売れなくなってしまったら、会社が終わってしまうでしょう。そこで後悔するのではなくて、別のどこかで仕事がパッと見つかって仕事を続ける。これで経験になりました。将来性のない会社を選んで、しまったと後悔する必要はない。要するに、人生ではあまり後悔しないほうがいい。後悔することになるなら、それは経験に回したほうがいいと思いますね。

そこでもう一つ、次の質問です。自分の生き方は自分で決めるものだというね。

質問6

自分の生き方は自分自身で決めていくものですが、そのための軸となる考えなどが変わりやすいのはなぜなのでしょうか。

パッと決めれば話が早いのだけれど、何か考え方があって、考えてから決めるのだからね。それですごく揺らぐ。いろんなことを考えてしまう。考えというのはそういうものなので、考えるなら何でも考えられますから、よく揺らぐものなのですよ。海の波みたいなものなのですよね。波が次から次へと出てくる。自分はボートで進みたいのだけれど、波が立たないで水が平らであれば好きなようにボートを操縦できますが、波がどんと当たると、ボートの向きが変わったり、揺れたり、いろいろあるのです。

人は、自分の道を選ぶのだけれど、いろんな考えの波が出てきて揺らぐ時はあります。そこで、揺らいでも、たとえばボートのたとえで考えましょう。波が当たってボートの向きがいろいろ変わっても、また舵《かじ》を回して、あるいはエンジンのスピードを調整しながら進めばいいでしょう。さほど大きいボートでなければ、とても大きい波が来ると、ちょっと進めない。それだったら、じゃあいいや、波に合わせてボートが揺らぐようにする。ボートが上がって落ちて、何か逆方向になって、波がおさまったら、また舵を回して自分の方向に進めばいいのです。

このたとえを覚えておけば、道を決めても揺らぐ時、一時的に揺らいでも、また立て直して先に行きます、というふうに進むことができます。考え方が揺らぐのは当たり前で、思考というのはかなり自由に動くものだから。何か見たら、興味が出てくる、何か聞いたら、興味が出てくる。

これは体調にもよって、体調が元気だったら余計なこと、いろんな思考が出てくる。体調が悪くなると、別の思考が出てくるというようなものです。世の中で一番曖昧《あいまい》で中途半端で揺らぐものは思考なのです。思考をしっかりするということは、まず無理だから放っておいてください。いったん自分が決めた道を、進むしかないと思います。

人々はこういうことをします。たとえば経済学に興味がある。でも文学作品も読みたいし、テレビも見たいし、映画も見たい。ＳＦ映画も見たいけれど、ＳＦ映画と経済学はまるっきり関係がない。何でもかんでもやってしまうと、自分の好きな経済学はできなくなるのです。

だから思考が揺らいでしまうのですね。自分が経済学をやるぞと決めたのに、気持ちがいろいろ揺らいでしまって、ついついＳＦ映画を見て、そちらに凝ってしまって時間がなくなってしまう。

これは危険性がありますよ。よく理解しておきましょう。心は揺らぎます。だから何か生きる道を決めても、心が揺らいで邪魔をする可能性がありますから、これはもう皆の問題で、気をつけなくてはいけない。

やり方は、たとえば経済学をはじめた場合、本も読みたければ、マンガも読みたければ、その関係のマンガはないのかと考える。映画を見たいなと言ったら、何か経済のからくりをテーマにしている、商売のからくりをテーマにしている映画はないのか、とね。そういうふうに寄り道に行っても、道から離れないように気をつける方法はあります。

そこでもう一つ困る問題として、「人は失敗や間違いをしてもいいのでしょうか」という次の質問です。

質問7

人は失敗や間違いをしてもいいのでしょうか。

これは質問にもならないのです。なぜなら、人は間違いをするし失敗もします。こんなのは、「人は呼吸するのだ」というのと同じです。だから、失敗にまるっきり足を引っ張られないようにする。別に失敗はよかったではなく、間違いはよかったでもないのです。人は呼吸するように失敗も起こすし、間違いも起こします。気にせずすぐに進めばいいのです。

質問8

長老が人生において気をつけてきたことを知りたいです。

私みたいな年寄りから、何か自分の助けになることはありますかと聞いているのですけれどね。私はいろんなことをしてきたのだけれど、何をしても、ベストを尽くしたいと思っていたのですね。ベストを尽くせない場合には、あ、向いていないと言って、ただちにやめるのです。向き不向きが見えてくるのです。

これも若い時の話ですけれど、私はゲーム向きではないのですね。その当時は大学生でした。大学では学問は皆にほめてもらっていたのだけれど、私はほとんど一発で覚えてしまうし、勉強をする必要はなかったのです。だから時間が余っていますよ、ほかの仲間よりは。友達は勉強しているけれど、私は勉強しなくてもそんなの知っていますよ、という感じで遊んでいたのです。

それで、大学には、学生ではなく普通に仕事をしている若者たちがいたのですね。昼間は一生懸命、あれこれと仕事をしてね。大学にはレストランとか働く場所がいろいろあるのです。それで、夜はすることがないものだから、みんなでカードゲームをやっていたのです。私はこの若者のグループの中に入って、私にも教えてくれませんかと言ったら、みんな不思議に思ってしまったようです。大学で勉強している学生なのに、年齢が同じくらいでも自分たちは仕事をしているのだから。あなたは勉強ができていいなあ、という感じでした。だから、私が教えてくれと言ったら、すごく喜んでくれて、やっているゲームを教えてくれたのですね。

でも、心配するのです。こんなゲームをしていて大丈夫かと。いろいろ勉強することあるでしょう、とかね。私は「大丈夫、大丈夫、教えてください」と。それで教えてくれたのですけれど、私には理解できない。ゲームができない。もうちょっと教えてくださいと言ったりしても、何かすごくややこしいゲームなのか、ただのカードなのですけれど、覚えられない。

そうすると、その人たちが私に言うのです。「あなたにこのゲームを覚えられないということは、やっぱり、あなたはツイていますよ」と。だから勉強してください、ほかのことをと。自分たちはこんなゲームができるけれど、あなたがこのゲームをできないのはよかったと言われたのです。何か変な話でしたけれど、要するに、「あなたはこのゲームができなくてツイている」という意味なのでした。たとえば賭け事にしましょうか。賭け事をしてみたら、できない。ああ、できなくてよかった。だって依存しないでしょう。

そういうわけで、この人生で自分のベスト、世界的にベストでなくて、仲間の間でベストを尽くします、というようなことでやってみたのです。そうすると、だいたい簡単に選択できたのです。これはベストが尽くせないから私向きではない、これはベストが尽くせるから私向き。ベストが尽くせても、将来性がなかったら、やめる。することは何でもベストを尽くしてください、というのが私の個人的な哲学です。こうやって若い時は生きてきたのです。

質問9 失敗した過去を引きずってしまうので、前向きに生きるにはどうしたらいいでしょうか。

失敗したことを引きずったら……人は失敗するのだから、開き直るしかないでしょう。「失敗しましたよ、だから何?」「何か問題ある?」という感じでね。これはもう、みんな恥ずかしがってしまうのです。恋愛関係にしても、相手と友達になろうと言ってね、一生懸命頑張って話したら、向こうからとても汚い言葉で断られると、すごくショックを受けるでしょう。そして友達が、「おまえ、言われてしまったね、振られたね」とかね。「うんそうだよ、だから何かある? あの人のことを大好きだったけれど、振られたんだからね、まあ別の人を好きになるしかないよ」と開き直ってしまえばいいのです。

失敗の場合、我々には気をつける失敗もあります。誰かに損を与えることがそうです。車を運転していて失敗するとかも、それはやめてちょうだいとなる。失敗して人の家の窓ガラスを割ったりとか、何か損害を与えたりとかね。そういう失敗は、最初から気をつけたほうがいいですね。起こりえる可能性はいくらでもありますよ。でも、ぎりぎり究極まで、人に害を与える失敗は避ける。ほかはあまり気にしない。なぜなら、失敗は起こりますからね。

たとえば人の前でしゃべらなくてはいけなくなった。しゃべった経験もない。一応、何をしゃべるか書いてあっても、緊張してしゃべって発音はちゃんとできなくて、何を言っているか自分でもわからなくて、聞いている人からブーイングを受けたと。もう穴があったら、ではなくて穴を掘って入りたくなるくらいでしょう。それでも気にしないでください。「あーあ、ブーイングを受けてしまったね」とか、「だって、今までやったことがないのだから」と開き直るのです。することが成功するか失敗するかは、するまでわからないのです。

音楽の世界では曲をつくって発表するでしょう。ヒットしてほしい気持ちはわかるのだけれど、たいていはヒットしないのです。たまに何か曲がヒットする。ヒットした曲と、自分がつくったまったく人気のない曲を比較すると、自分がつくった曲が言葉も格好よくて、音楽もしっかりできていて、これがなぜヒットしないのかと思っても、なぜかはわからないですね。やってみなければ、ヒットするかしないかわからない。成功するか失敗するかわからない。

ブーイングくらいは、なかったと思えばいいのではないですか。私も人にしゃべる場合、私がチェックするのは、皆が居眠りしなかったら充分だということぐらいです。話しているることはあまり理解されていないとわかります。最低、居眠りしないくらい、居眠りしない程度に話しますと。

失敗は結果、結果は歴史

だいたい、人生というものはスポーツと同じでね。スポーツに参加する場合は、試合に参加する場合は、めちゃくちゃ訓練して、コンピュータープログラムまで使って、相手のチームのことを調べても、実際、試合で勝つか負けるかはわからないですね。それで落ち込んだら意味がない。負けた、それで終わり。

たとえばサッカーの試合とか、日本チームが外国で試合しますね。日本チームのことは全国で応援するでしょう。結果、負けることもあるのですけれど、だからってどうしますかね。それでファンの方々は、みんな悪口を言うのですね。あそこまで応援してやったのに、おまえらもっとしっかり頑張ってくれよ、とかね。でも、言われたって、試合は試合だから、結果は結果だから。

スポーツの世界で、私が気づいたのは、日本チームのことが全国でたくさん放送されていることを選手は知っているでしょう。それが気になって、ちょっと格好つけたりする。どうですか、とマイクを向けられたら、何か格好いい言葉を言うとか。それに気をとられたら最低最悪で、結果は負けるのです。

死にものぐるいで試合をしなくてはいけないのです。試合で勝って、インタビューには答えられなくてもいいのです。特にテレビ局などは、映す選手を選んでずっとハイライトして放送するでしょう。あれが気になってしまうと負けるのですね。私が思ったのは、その選手にすごく無理がかかります。能力が開花することを邪魔しているのです。無視したほうが頑張れるのです。無視されると自分の立場を何とかしなくてはいけないでしょう。立場をつくるためには試合で点を取らないといけません。みんな試合で勝ってほしいでしょう。インタビューのことはどうでもいいのです。

人生というのはそういうもので、実際やってみないと成功するか失敗するかわからない。いつでも人生がその二つの間で動いているのですね。結果に対しては、まあどちらでもいいではないか、ということです。頑張るぶんには、最高、ベストを尽くして頑張る。結果はもう終わった歴史だからね。それは次の参考にするということです。

質問10

大学進学に向けて勉強する中で、ふと高校受験に失敗したことを思い出し、努力しても報われないのではないかと思ってしまいます。努力は絶対に報われるのでしょうか。

質問11

同じ部活の中で私以外の同級生が団体メンバーに選ばれ、私は下級生に追い越されました。私は努力したけれど足りなかったのでしょうか。やっぱり報われない努力もあるのでしょうか。

こういう考えは、物事を悲観的に見ることで生まれます。どんな試験もみんなが合格するわけがないでしょう。試験も同じく合格か不合格かどちらかでしょう。自分としては合格しなかったら悔しい。それは、しょうがないのです。ああ悔しい、次にはもっと頑張るという感じでね。

試験に失敗したら、何で失敗したのか、こういうところで自分の態度がよくなかったとかね。あるいは試験問題に簡単な順番で答えようと思ったが、簡単な問題を選んでいる間に時間がなくなってしまった。それで失敗しましたとか。いくつかの問題に答えを出すことができなかった、ということはある。逆に、では順番に全部の問題に答えてみたら、四番目の問題に引っ掛かってしまって、答えを見つける間に時間がなくなって、残りを答えることができなくなってしまったとか。両方あるのですね。ですから、それはまあいいのではないですか、という答えですね、私の場合は。

失敗した原因を見つけても、また同じ試験を受けないのだから。次にあるのは別な試験だから。高校で失敗して、大学受験の勉強をしているのだから、あるのは大学の入学試験でしょう。高校受験とはまるっきり違うのですね。高校の場合は、もしかすると勉強をしているか、能力があるかだけをチェックする。大学の入学試験では、大学のほうが選ぶか選ばないかだけでチェックする。大学にとっては能力があってもなくてもどうでもいいのです。何人を選ぶのか、選ぶ数が決まっているのだからね。すごく頭がいい子どもたちが四〇〇人受験する。大学に入るのは一五〇人だけ。みんなに抜群の能力があるのだけれど、仕方がないでしょう。残りをカットするしかない。

そういうことだから、我々は合格を目指して頑張る。でも、合格というのは自分だけの能力で決まるものではない。特に大学の場合は、自分だけの能力で選べない場合もあります。逆に能力がなくても、大学に必要な人数が足りなかったら、ゼロ点の人を入れてしまう場合もあります。

私の個人的な態度は、あなた方がどうやっても私を不合格にできないぐらい、能力を出してみせるぞと。やれるなら不合格にしてみなさいと。それもまた性格だから、どんな人にでもそんな性格で頑張れるとは限らないし、それは個性の問題です。

ですから、悲観的になる必要はない。高校で失敗してしまったから、二度と失敗しないように頑張ると、とにかく頑張ればいいでしょう。今度は合格してやるぞという気持ちだけで充分でしょう。試験みたいなものは、単純に自分だけの能力で結果が出るわけではないのです。会社で考えたら、会社員が一生懸命頑張っても、会社が儲かるかどうかはわからない。会社が儲かって、これは皆の努力の結果で、会社全体が頑張っても、国の経済状況で結果が決まるのだから。国の経済状態がよくても、世界経済の状況で会社の赤字黒字が決まってしまうのだから、しょうがないでしょう。我々は一人一人、個人個人でしっかり頑張るしかないのです。

失敗しない仕事とは

お医者さんと同じです。医者は、病院に入る患者さんのこととなると、真剣に精一杯頑張るのです。ものすごく真剣に頑張るのです。しかし、治るか治らないか、この患者さんが死ぬかどうかは、どうしようもないのです。でも医者は、病気を治してやると頑張るのです。

医者の気持ちを考えてみてください。患者さんが癌《がん》だとわかる。医者は、どんなタイプの癌か、どこまで広がっているのか、それは身体にどんな影響を与えるのか、どんな治療方法があるのかを、全部知っているのです。でも治療しても、これはリミットを越えているから、せいぜい半年だとわかるのです。わかっても何とか手当てをする。だから世の中で一番悲しい仕事をやっているのは医者なのです。医者も患者も、いつかはみんな死にますからね。その意味では全部失敗に終わるのです。ちょっとケガをしたら、ちょっと骨が折れたら、その場合は、だいたい医者よりも医療のほかの専門家たちが手当てをします。たいしたことがない病気だったら治せますけれど、治せない時はお手上げです。

みんなが医者になるわけではないですし、一般の世界では、けっこう成功しますよ。ほかの分野ではね。たとえば、航空会社の仕事をする人々とかは、めったに失敗しないでしょう。日本の電車関係の仕事をする人々は失敗しませんね。たとえば新幹線で大きな事故を起こしたことがないでしょう。ちょっとしたトラブルはあるけれど、そんな大げさなことではない。九九・九％失敗しない仕事です。医者は一〇〇％失敗する。ということが世の中の状況なのですね。

努力は何らかの結果を出す

努力が報われるかどうかは、すごく難しいのですよ。努力が報われないと思っているということは、この努力で私はXという結果を期待する。努力はしたけれど、結果はXではなかった。ああ報われないと思ってしまうことなのです。しかし、努力した結果は出るのです。それは、自分の好みか好みでないかとは関係ないのです。

自分がはじめて本を読みながら料理をつくった。でも見た目が悪いという。一番最初に出てくるのは、「ああ報われない」ではないのです。料理ができたのだから。調味料とかも本を読んでぴったり入れたのだから、まあ食べられますからね。そうすると。見た目よく、写真にあるとおりにつくりたかったけれど、レシピを見ながらつくったけれど、できあがったら写真と違って何だこれ、というくらいの結果かもしれない。「報われない」ではなくて、自分が思ったXという結果ではなく、結果はBであったと。努力したら結果は出ますよ。それが必ずしも自分が期待する結果ではないかもしれない、ということです。

誰かが旅に出るとする。旅に出る人に、電車が出発する前に花束をあげようと思ったとします。あれこれやって、ちゃんと花束をつくって、走って駅へ行ったら、電車はもう出発していた。自分が努力したけれど、あげることはできなかったのですね。本人を見るだけでも、手を振るだけでもいいのだけれど、それもできない場合もあります。そんなことですね、報われなかったというのは。Xという結果を期待して、花束を持って駅まで走った。ということで、その結果があります。「疲れた」という結果です。

私だったら、疲れた、全部パーになったのだから腹が立ちます。そこらへんの喫茶店で美味しいケーキを食べてコーヒーでも飲んで、気晴らしをして遊んで帰ります。別なプログラムをさっさと組み立てるのです。せっかく出かけたのだから、そこらへんを散歩してから戻りますよ。突然、私は変えます。突然、計画を変える。そういうふうにします。

とにかく、努力は期待した結果でなければ報われないと思うかもしれませんけれど、努力自体は何か結果は出しますよ。それは必ずしも悪い結果にはなりません。

質問12

生きがいの見つけ方を教えてください。

それは、だいたい能力の問題ですからね。生きがいは。なくてもいいのではないですかね。自分がしっかりしたことをやって、自分の能力を活かして生きていれば。大げさなことをしなくても、明るく元気でいればいいでしょう。

生きがい……私はそれよりも、「よい人間になる。よい性格を育てましょう。自分の悪い性格をいろいろ直しましょう」と考えますね。人格を直すことに挑戦したほうがいいと思いますね。ほかは、まあそれなりに生きてみればいいのではないですか。生きがいというものは、世の中にあるのですかね。ただ自分がすることが楽しくて、充実感があればいいでしょう。

たとえばレスキュー隊っているでしょう。人が遭難したとか、大きな地震などで救助が必要になると、レスキュー隊が一生懸命に助けるのですね。とても感動的な仕事でしょう。ものすごく苦しくても、当たり前のように何のことなく人を助ける。だからといって、それはとても「生きがい」のある仕事ですか。実際、命が助かっていますよ。がれきを丁寧に動かして、人を救って、命を助けてあげています。すごいことでしょう。それに「生きがい」という単語を使えるでしょうか。

私はなんてありがたいと人々かと思うのです。外国で起きた大地震にしても、レスキュー隊が日本からもグループで行ったのだけれど、なんてありがたい人々かと思ってしまうのです。でも、これと同じように、私たちにとっても「生きがい」と言えるでしょうか。だから「生きがい」という言葉を使うよりも、「楽しい」程度でいいのではないでしょうか。

もちろん、レスキュー隊にとっては、それが楽しいというわけではありません。人の命を助けてあげたら、ああよかった、訓練の結果があった、苦労したことの結果があった、という評価だけが残るのです。それはものすごくありがたいことで、年を取って老人になっても、思い出しては気持ちが明るくなる仕事なのです。「生きがい」ではないですね、それでも。だから生きがいは「人格向上」にしてください。そのほうが素晴らしいのです。

質問13

文系と理系の選択を高校の時に求められるのですけれど、その選択というのをどのように決めればいいですか。

それって簡単でしょう。自分に何ができるかということです。自分が一〇〇点満点をとれる道を選べばいいのです、そんなに難しいことではないのです。

質問14

好きなものや趣味がありません。興味があっても中途半端になってしまいます。好きなものや趣味など、自分が夢中になるものは必須でしょうか。またどのようにして見つければいいでしょうか。

あれば面倒くさいし、なかったらなかったで、別にいいのではないですかね、私の個人的な考えはね。趣味はころころ変わっていいでしょう。かまいませんよ、趣味ですから。何かに夢中にならなくても、自分は自分です。ある日、友達が何かの趣味に夢中になっている。それは友達、他人です。私は何か夢中になってやります。やりますけれどでも一か月後に飽きます。別なことを好きになりますと。それでいいのです、その人の人生だから。日本語には「三日坊主」という言葉があります。あれは批判的に使っている言葉でしょう。別にそういう人間もいるのだからね、趣味の場合は。

専門的な仕事の場合は、一生することですから、三日坊主では困ります。

そういう意味での失敗は、誰もしないものです。たとえば一年だけ教師をして、それから別なことで免許をとって別の仕事を二年やってとか、それはあまりしないですね。現実的に不可能です。教員の免許をとったら、その人はずっとその世界で仕事をします。それは、そんなに問題になるわけではないのです。三日坊主は趣味でいいのです。なぜ私がそんないい加減な答えを出すのかというと、興味はいろいろ変わっていっても、その人の性格に合うものに出会ったところで、その人はそこでとどまるからです。

質問15

長老のようになったら、若い頃のいやな出来事も笑い話にできるようになれますか。

今からはじめればいいのです。どんな人間にも一〇歳であろうが一五歳であろうが二〇歳であろうが、やったことがすべて成功したわけではないでしょう。皆に笑われること、皆に怒られること、皆に馬鹿にされることを、けっこうちょこちょことやっているでしょう。それを取り上げて、自分で自分を笑うようにしてください。

大失敗したことは、あえて皆の前で発表して笑いをとる。それは、今からはじめればいい。老人になってからでは意味がないのです。友達がいなければ、誰に自慢するのですかね。失敗や自慢はね。

成功自慢だけではなくて、失敗自慢もありますよ。恥ずかしかったこと、穴があったら入りたくなったこととか、堂々と言うのですよ、友達の中で。

すると、自分の人格はどんどんしっかりするのです。とても立派な人間になるのです。

何も隠してはならない。どうしても隠すことが起きたなら、あなたは犯罪をしているのです。

社会的に言えば犯罪、宗教的に言えば罪を犯しているのです。それはやめなさい。隠したって意味がないのです。隠せば隠すほど大きくなるのですね。

そうやって自分から着々と進めば、人格がどんどんしっかりして強くなります。

第2章

人間関係に悩む

家族・友人・恋愛

質問16

最近親子げんかが増えてきました。親が言っていることがわかる時もあるのですが、わからないことのほうが多いです。つい暴言を吐いてしまいます。親の言うことが正しいと思うにはどうしたらいいですか。

世の中で、だいたい親子関係でこういう現象というのは、ごく当たり前、普通なのですね。親が言っていることは、一部はわかるけれど一部はわからないというね。みんな思っていますね。暴言を吐くこともよくあることで、珍しいことではないのです。

それはいいとして、この「親の言うことが正しいと思うにはどうしたらいいですか」という質問が正しくないのです。この質問を考えた人は、そこに問題があるのですよ。親の言うことは、何でも正しいわけではないのです。必ずしも正しいと思う必要もないのです。

子どもは子どもなりに、親だから言っていることは正しいでしょうと考えて、すごく苦労しているのです。でも、自分にとっては、うーん、何か変だな、というところもある。

それで、ますます親の話を聞かない。そうすると、ますます親の言っていることがわからなくなる。我慢できなくなったところで、暴言を吐いたりもする。結果は、そのようになるのですね。

まず、親が言うことは正しいかどうか、自分で客観的に判断して、親と議論してみればどうですか。それは小さな子どもにもできますよ。「これをやめなさい」と親に言われたら、「何で、やめなさいと言われたら、やめなくてはいけないのですか」とね。小さな子どもでも聞けるでしょう。そうすると、子どもを説得することも、納得させることも、親、大人の責任ですからね。大人が子どもの納得するようにしゃべれないのだったら、問題は大人にあるのであって、子どもにあるわけではないのです。

世の中で、大人の世界にしても、ただ単に命令するだけでは、物事はうまくいかないのです。命令を受ける側も、それなりに納得があったほうが、世界は平和でスムーズに進むのです。

大人の責任、子どもの権利

権力者が力の弱い人をいじめる、ということが起きています。親子だからといって、無視していいわけではないのです。親が権力者で、子どもには何の権力もないし、育ててもらう立場でしょう。それって、いじめというか、世間で言っているセクハラ、パワハラのようなことでしょう。これってパワハラなのですね。

そうやって問題を明確にするなら、親や大人が、教師であろうが親であろうが誰であろうが、子どもたちに、年齢が下の人々に、あるいは後輩に、ものを言う時は、その人を納得させ、理解させる責任があるのです。

私は年齢が上で先輩だから、私が言ったからやりなさいという、このシステムが、日本全体的にあるのですね。すごく原始的なのです。現代的ではないのです。昔あった政治システムみたいに、命令するのは偉い人々ばかりで、選挙もなかったでしょう。言われことを、はい、わかりましたと従うだけ。封建的というのですね。いまだにそれをやるとは、どういうことですかね。

私たちに政治は関係ないから、我々は人間関係についてしゃべっていますから、子どもを一方的に被害者にするのではなく、大人が自分の責任も果たさなくてはいけません。

もし大人が自分の責任を果たさないと、「異議あり」と言う権利が子どもにあるのです。子どもたち、後輩たちが、「異議あり」と。なぜ、こうしなくてはいけないのですか、と言えるのです。

大学でも、「ずっとこんなふうにやってきたんだから」といって、年齢が上の先輩たちは、偉そうで原始的な態度をとるのです、面白いというか、まるっきり後進的で、威張ること威張ること。若い世代のほうから、もうちょっと民主主義にしたほうがいいのです。みんな対等で、能力はバラバラですけれど、それは仕方ないことで、人間として、やっぱりみんな平等ということは、権利として平等ということは理解しなくてはいけないと思いますね。

話し合いと合意で成立するもの

そういうわけで、親が生きている世界は違う。子どもがこれから生きようとする世界もまた違う。親には親なりに、子どもの人生はこうあるべきという、企画・プログラムがあるのですね。そこで親がそのプログラムを実行しようとする。しかし、親がつくるプログラムは、親自身が生きてきた世界から考えたものなのです。だから根本的に古いのです。新しい世代がどうなるのかというのは、親は知らないはずなのです。知りようもないですね。親には若返ることもできないし、若者と一緒になってわいわい騒ぐこともできないし。

また若者は仲間に入れてくれませんしね。

だから、親と子どもは別世界で、お互いわからないのですね。そこらへんは、話し合いで何とかする。親の企画・プログラムがあっても、子どもとも話し合って、合意に達する。私の個人的な経験で見えたことは、人はこの話し合いがへたなのですね。話し合いになると、みんなもう病院に運びたくなるくらい、頭がおかしくなって、感情をむき出しにして、「俺が言ったのだから認めなさい」という態度でしゃべるのです。それは話し合いではないでしょう。それだったら、合意ということにはなかなか達しないのですね。そういう能力のなさがあります。

話し合いの場合は、自分のアイデアをしっかりと論理的にプレゼンする。相手もアイデアをしっかりと論理的にプレゼンする。それだったら、合意に達することはできます。それは、家庭からも、いたるところで我々は実行しなくてはいけないことなのですよ。

世の中は、話し合いで生きているもので、合意に達して生きているものであって、誰かの主観的な意見が一方的に実行できるということでは成り立たないのです。

だから、一方的に実行しようとするところが、もうおかしくてたまらないのです。不可能なことは不可能だと理解してほしいのです。世の中それぞれ、合意で成り立つものなのですね。そういうわけで、必ず親の言うことを正しいと思うために苦労する必要もないし、親の言うことが正しくないと自分が思っても、暴言を吐いても答えが出てこないのだから、自分なりに、ちゃんと自分のアイデアを言わなくてはいけないのです。

議論して成長する親子関係

私は個人的に、小さな子どもでも、自分の意見をはっきりと自分なりの理論でプレゼンすると、すぐＯＫするのです。ときどき子どもというのは、高いおもちゃ買ってほしいとかね、そんな程度ですけれど、私は「何でこれが必要なの？」と聞くのです。それで、子どもがそれなりに説明したのならば、ＯＫ、わかりました、買ってあげますよと。大人から見れば、たいしたことではないのです。ただほしいからと言うだけなら、そこでもうだめですけれども。

ある子どもはこう言うのです。「もうほしいのだから、よくわからないけれど、どうしてもほしい」と。それも理屈なのです。よくわからないけれど、もうとにかくほしい。自分がもう頭がおかしくなるぐらい、ほしくてたまらない状態でいることを言っているのです。あれこれ理屈を言っても聞いても意味がないと説得しているのだから。それだったら、じゃあ買ってあげますとなります。

小さなおもちゃで遊ぶ子どもにしても、自分の立場をちゃんと説明しなさいということは、親の躾《しつけ》の一つの項目なのですよ。でも、それをしない親が多い。

たとえば子どもが親に「何か買ってほしい」と言った途端、「お金がない、だめ」。それは答えではないのです。一方的で、独裁的でしょう。ありえない。この世の中で、自分の家族以外は、いくらでもお金があるということでもないでしょう。一般家庭なら誰だって、日本社会といったら、まあ九八％以上、それなりに何とか家計を頑張って維持している社会ですからね。国や政府にしても同じことで、金ならいくらでもある状態ではないでしょう。国が、お金がないからだめと言っていいわけではない。大きな災害が起きたりした時に、政府が今年用意した予算がないから勝手にしなさいとは、ありえないでしょう。

ですから親が、「お金がないからだめ」ではなくて、これぐらいしかお金がなくて、あなたの教育にこれくらいかかって、赤字にならないように、やりくりしなくてはいけないのだと。だからあなたにこれを買ってあげると、どこかで削らなくてはいけないからと。どこらへんを削ればいいでしょうか、とかね。

私なら、もう大人だから、まんまと子どもをだますこともできますよ。買ってあげたくないのだったら、ほかをいろいろ削って、それで買いましょうと。じゃあ二週間、納豆とご飯だけにしましょう。そうすると、これまで肉を買ったり魚を買ったり、野菜を買ったりで、これぐらいのお金がかかっていたから、二週間でこれくらい余りますよと。それで買うのはどうでしょうかと。

子どもは、二週間納豆とご飯って、絶対いやだとか言うでしょう。これはずるいやり方です。子どもに買ってあげたくないということがあるなら、それをどうやって実行するのかということです。もっと、どうしても大事なことを、じゃあここらへんを削ったらどうでしょうか、とかね。そうすると子どもも、まあいいや、もうやめました、ということになる。そんなずるいやり方ではなくて、本当は話し合って決めるのがいいのです。

そうしたら、議論することを、子どもは小さい時から勉強するでしょう。親と議論することは一番安全で、ものすごく能力が上がるのですよ。議論する相手が親だから、全然問題ないのです。そういうことがあってほしいなあ、と思いますね。

これとつながって出てくる問題というのは、次の質問です。

質問17

親は、いつでもなぜ怒るのでしょうか、ヒステリックなのでしょうか。

この質問は母親のことですけれど、母親の問題ですね。この質問を考えた子どもの母親には、ちょっと能力というか、管理能力がないのですね。何でそんな母が、家で権力持っているのかと。これは仕方がないのです。これはもう、人類の管理をするのは女性なのです。それは変えることはできない。人間を産むのは女性だからね。それを変えたいなら、これはもう神様に言ってください。

それはいいとして、母親といっても人間だから、子どもを産んだからといっても、人間ですからね。何でもできるわけがないのです。子どもを産んだのだから、体力はあります。遺伝子は男よりも強いのです。子どもが一人前に独り立ちできるまでは、体力はあるのです。それだけなのです。精神力は別の話。知識もまた別の話。

ですから、この質問した子どもに個人的に言いたいのは、母が家で権力を持っていることは避けられませんけれど、自分の問題とかは、父親と組んでください。父親と組んで、好きなこととか、料理で何か食べたいものがあったら、父親に、「こんなものを食べたいんだけどね、お父さん」と。すると、お父さんが何とかやってくれます。母親に言ったら怒るから、言わない。

そうやって、ちょっとうまく行くからくりを一人一人の子どもが工夫しないといけない。お菓子を買うお金をお母さんがくれないのだったら、ちょっと父親に甘えて、かわいい子ぶってあげて、これちょうだいと言って、お父さんからもらう。父親がだめと言ったら、母親のほうに行って、母親に甘えるというね。そういう生きる技をね、子どもはそれをしなくてはいけない。犬猫はそれやりますよ。自分が何か希望があったら、人の顔を見て、こいつに言おうといって、そちらに行って尾っぽを振ったり、いろんなことをして機嫌《きげん》をとる。機嫌をとったら、その人はそれをしてくれるのです。

そういうことで、だいたいヒステリックになったり、カンカンに怒ったりする場合は、母親に精神的な問題があったり、能力が足りなかったり、父親に何か不満があったりと、いろいろあります。あるいは自分と母親の仲間たちの間で不満があったりとかね、いろんなことで精神的にストレスがたまるということがあるのだから、それは子どもに解決することはできない。

そこでお母さんには、もう勝手に怒っていてくださいと言って、自分は別のところでそっと活動する。さっき言ったように、父親と組むとかね。家族関係によっては、おばあさん、おじいさんがいるなら、そちらで何か秘密に組むことができるし。

対等な人間関係

親子関係について、みんなにどうしても言いたいことはそういうところで、人間には尊厳がありますからね。「子どもには尊厳は半分」とかではないのです。誰だって同じなのです。私は、それをちょっとしたゲームで使った覚えもあります。私と遊ぶと子どもは、対等な態度をとるのだから、対等にしてあげるのです。ときどきからかってやろうと思って、あなたには選挙権がありますか、と聞く。ない。酒は飲める？　飲めないですね。ということは、大人なら、酒は飲めるし、タバコも吸えるし、選挙権もあるし、あなたはまだまだ半分。大人の半分ですと。だからすべて人権、権利、全部半分です。ご飯もじゃあ半分。するとと、子どもがすごく怒るのですね。私はこの怒ることを期待しているのです。怒ってけんかすることを期待して、そうやって余計なからくりをするのです。なぜかというと、この怒ることがすごくかわいいのです。「いえ、私も一人前の人間で、人権がありますよ」と戦ってくるのだからね。それがすごくかわいいのですよ、大人から見ると。私はそうやって意図的にけんかをつくって、怒らせて、けんかをさせるのです。けんかの仕方を見たら、ああ、頑張っているなあと思う。

一方的に、親だから言うことを聞きなさいと言うことは、あまりにも古くて成り立たない。親だから言うことを聞いてしまうと、今度は世の中がどんどん退化するだけでしょう。世界を変える人々は、親の言うとおりにした人々ではないでしょう。いろんなものを発明したり、知識的にも大変すぐれたことを発表したりする人々は。

自分が生きる世界を、自分で開発しなければいけないのです。

ただ親にしても、何でも完璧にやらなくてはと思うことが、大変なストレスですよ。親も、育て方がわからないなら、わからないなりに頑張ったほうがいいのです。何でも完璧にしっかりやらなくてはだめだと思って、余計なことを考えてしまって、それでヒステリックになってしまうのですね。人間に間違いは起きるということでかまいませんよ。

私は、いつでも親が、何か間違いが起きたら子どもに「ごめんごめん」という、あれもいやなのですね。それも言う必要はないのです。「だから?」と開き直ったほうがいいのです。「あなたは、間違ったらごめんなさい言いなさいよ」と。「私は親だからね。完璧じゃないよ」とかね。知らないことはいっぱいありますよと。それはあなたが調べてくださいと。そういう感じで、対等になったほうがいいですね。

質問18 「病み期が来た」と誰かに相談することは迷惑ですか。

我々は、全知全能の存在ではないでしょう。どんな人間でも、人のアドバイスを受けて生きているでしょう。日本の総理大臣にしても、何でもできるわけがないでしょう。大勢のスタッフがいて、官僚たちが、能力ある人がたくさんいて、みんなもう徹夜して研究して調べてアドバイスしますよ。その話を聞いて、自分で判断する。それって普通でしょう。日本の総理大臣が、国際的あるいは国内的な問題が起きて、どうにもわからなくなったら、病み期になったら、その関係の専門家を呼んで、「こういうことになりましたから、何か考えて、結論を出してください。私は何もできないんだよ」と。すると向こうは責任を持って、こういうアドバイスはどうですか、と提案するでしょう。それで自分が実行する。はいわかりました、じゃあこうします、とかね。だから「もうわけがわからなくなった」という状態は、ごく普通でしょう。誰かに相談してみてください。

日本の総理大臣みたいに、しっかりしたスタッフは一般人にはいないけれど、それなりの経験のある先輩とか。ボスみたいな先輩がいたら、話し合ってみるのはいい。いつでもそんな人がいるわけはないし、手当たり次第、自分が知っている誰かに言うだけでも充分ですね。相手が何もわからなくて、「ああそうですか、うーん、なるほどー」と、それだけで終わるかも。自分の精神状態は、こういうふうになっていると言ったら、向こうの反応は「あーなるほど」と。それだけでも充分です。

私は、小さな子ども同士で、その様子を見たことがあります。自分の悩みを友達に言ったら、「ああ、おまえはそういうことだからね、うん」。それで終わり。それで落ち着くのです。だから、言っただけでも充分です。決して相手に迷惑とか思わないでくださいね。人に話してみること、相談してみることは、迷惑ではないのです。我々は、よく世間話をするでしょう。くだらない話をいっぱいいね。その時でも、ただ自分の思うこと、感じることをあれこれと言ったほうがいいのです。

それをもし裏で、自分を落とそうとするなら、その人には人格がないだけです。たとえば恋愛関係で、友達同士で、私はAさんとBさんを好きで、Cさんもかわいいので、三人に好意を抱いているんだと友達に言ったら、みんなにバレて、こいつは三人のことが好きで、だらしないよと言ったら、そう言った人が人間として失格です。そんな人とは付き合う必要はないのです。「そう、おまえは三人とも仲よくしたいのだね」とか、「まあわかった」で終わったほうがいいのです。おまえってけっこうすけべだなあ、とかね。そう言って笑ってしまえば、問題は解決します。見事に。

人に話すことの利点

人に相談することはよい習慣です。私たちは「物知り」ではありません。何でも経験しているわけではありません。困った時は相談します。相手が情報を知っている人なら、役に立つでしょう。

相談相手も「物知り」ではないので、納得のいくアドバイスができないかもしれません。しかし、話してみたことで自分の気が楽になります。

相談というところまで考えなくても、「何でも話せる相手」がいるならば、ありがたいです。しかし、人に言われたからと言って、無批判的に話に乗る必要はありません。実行するか否かは自分の判断です。

人をけなす、差別する、自分こそが偉いと思っている人は、「よい相談相手」ではありません。うわさ話が好きな人も注意するべきです。

質問19

前より動けなくなったり、大切な人が死んでいったり、顔にしわが出てきたりする、年をとるということに恐怖を感じます。どんな考え方をすれば前向きに若々しく年をとれますか。

老いることと病《やまい》は人間の定めです。生まれた瞬間から同じスピードで老いていきます。五〇歳まで老いることを楽しんで、五〇歳から老いをいやがることは、いわばルール違反です。よいことも悪いことも明るい気持ちで受け取る能力が必要です。

個人の判断は自分の行動に限って使うべきです。行なったことの結果が悪ければ、二度とやらないように気をつける。これ以外、個人の判断をやめましょう。年を取ったことは悪いことですか。よいでも悪いでもなく、自然の流れでしょう。

しかし、人は過ぎ去った過去を思い出しがちです。「昔は若くて、元気で、人気者でいた」と思えば、老いたことが「苦」なります。人生にあと戻りはありません。すべて「一回きり」です。六〇歳の人が「小学生の時はかわいくて人気者でした」と悩むならば、老いをいやがるならば、それは金メダル級の愚かさです。

今を、明るく、精一杯生きる人には病も老いも苦になりません。病気で、不自由で、体力がなくて、身体が苦しくても、精神的に明るく生きられます。死ぬ時になっても、「お世話になりました、さようなら」という気分で逝《い》けます。

人は「二度とこない今の瞬間を、明るく、楽しく生きるのだ」という考えで、そういうポリシーで生活するべきではないでしょうか。

質問20

学校に行けなかったり、行きたくなかったりする友達に相談された時、何と返せばいいでしょうか。

面白いことを見つけてください。学校に行けない、学校に行かなかったら、家で楽しい？何か楽しいことがあるの？　と友達に聞いてみてください。学校が苦痛だから、うーん今日は行かないと言ったら、何か楽しいことを見つけましょうよと。行きたくなかったらね、気持ちはわかりますよと。私にも行きたくない理由はいくらでもありますから。とにかくその日にお互い話し合って、何か隠れて、ふざけたことをやりましょうとかね。

子どもたちには、遊ぶこと、面白いことはいくらでもあるでしょう。授業とかがない時に、どこかに隠れて何かゲームをしたりとか、先生が怒ることを何かしたりとかね。することはいくらでもありますから。何かそうやって、友達同士で楽しいことを見つけてほしい。

ストレスに耐えられない時に、そうなるのですよ。学校に毎日行って、毎日決まったスケジュールで、プログラムで動くと、どんどんストレスがかかってくる。気に入っている友達もなかなかいなくて、友達からいじめられたり、いろんなこと言われたり、友達に蹴《け》られたり、カバンや靴を隠されたりする。もし体力や精神力があるなら、けんかしながら、ふざけ合って隠されたものを見つけられるから問題ないのです。でも、ストレスがたまって精神的に力がない場合は、自分のカバンをどこかに放り込まれると、もういやでたまらなくなってしまう。靴を探してみても見つからない。元気だったら、誰だよ、おまえだろとか言って、お互いけんかしながら探すでしょう。同じことが、苦痛になったり楽しくなったりしますからね。

そういうわけで、ときどきストレスがたまってしまって耐えられない、ということは誰にだって起こる。ストレスがたまったら、楽しいことを見つけるしかないでしょう。答えとしては。

だから学校に行かないで、家にいてもいいのだけれど、一日くらいは。家で楽しく過ごしてほしい。家で隠れて、部屋の中でじっとしていると、ストレスはなくならないでしょう。能力がない親が、問題をすごく大きくしてしまうこともある。学校に行かないと大変だとか、行きなさいよとか言うのもよくない。

親も、子どもがなぜか学校を休みたくなっているなら、ああいいよとOKしてほしい。OKして、その日に散々仕事をさせる。掃除機をかけなさい、とか、洗濯物を洗濯機に入れて回してね、とか。ちょっと店に行って、これとこれを買ってきて、とかね。そうやって一日中仕事をさせる。そうすると落ち込んでいることもできない。料理に協力して、これとこれを切って、これを洗ってね、とかね。仲よしの友達みたいにするのです。

ああよかった、あんたが来て、野菜をちゃんと洗って切ってくれて、とか、私よりは上手だね、とかね。そうすると、子どもは、こんな面倒くさいことを……次の日から学校へ行きます、とかね。それでも、学校に行かないでいた日は、それなりに暗くはない、お母さんに協力したのだという、ポジティブなデータかプログラムが頭の中に入っているのです。何でも子ども一人だけでは解決しません。質問をした人の場合は、子ども同士だったら、何か楽しいことやろうぜと、いやな気持ちをなくしましょうということを言ってください。

質問21

友達って大事にするべきですか。

これは当たり前のことというか、大事にするべきって、大事って何ですか。友達を大事にするって、具体的にどんなふうに大事にするのですか。これはもう、我々仏教の側からはものすごく膨大なことを言えますけれどね。何時間でも授業できる。それほど大きなことです、友達関係というのはね。

だから、短く答えられません。友達のことはやっぱり大事にするべきなのです。具体的に大事にするとはどういうことか、そこで問題が出てくるのです。

一番低次元なことで言うなら、「何でも話せる相手」。何でも話せるということです。相手が、私が言うことはよく聞いて理解して、誰にもバラさない。私も相手のことは何でもかんでも、よいところも悪いところも、けしからんところも、何でも知っている。変なところも、変でないところも知っているけれど、別に気にしない。誰かに言わない。という感じで、互いに信頼関係を持ったら、人生で、ずっとそういう友達があったほうが楽ですよ。

夫婦よりも友達関係

本当は人間の世界では、この友達関係ってすごくありがたいことになりますよ。私は、結婚する人々にも言うのは、夫婦と思わないでくださいと。夫婦ではなくて、友達にしてくださいと。夫婦というのは文化的な単語で、そうすると文化的なことでしばられてしまうのですね。友達だったら何もしばりはないのですね。

ずっと一緒にいるから、もう何でもしゃべる。相手のよいところも悪いところも全部知っている。しかし弱いところは、自分が補ってあげてカバーする。自分の弱いところは、相手から助けてもらう。それが恥ずかしいとも何とも思わず、秘密も何もなく、仲のいい友達です。

私が夫婦に言うのは、結婚しても、夫婦ではなく友達にしてください、なのです。それくらい友達が、友達関係が大事なのです。文化的なことにしばられてしまって、夫婦は夫婦で、奥さんは奥さんの義務を果たす。お父さんは、旦那は旦那の義務を果たす。そこには人間関係がないのですね。

そうすると奥さんが、ほかのところで友達をつくる。女同士でいろいろと。男は男同士で別な友達関係をつくる。そうすると、この二人が人間らしく交わるチャンスがどんどん減っていくのです。なぜなら、家族で、夫婦でいるよりは友達と一緒にいたほうが楽しいからです。奥さんはできるだけ長い時間、友達と一緒に遊びたくなる。旦那も、男は男で、できるだけ長い時間、友達と一緒にいることになるという。

そこで我々に見えるポイントとしては、友人関係はけっこう大事なものなのですよ、ということです。だから私は、解決策として、夫婦が友達になったら何が悪いのですかと聞く。そうすると、明日は休みだから、夫婦ではなく友達二人で、どこかへ行って遊ぶとなる。自分の奥さんをどこかに連れて行くと言ってしまうと、たいした価値はないのです。だって、どこへ行っても夫婦だから。友達になったら、じゃあ今度、夏にサーフィンでもしようか、とかね。友達としてサーフィンをして、とても疲れたとしても、帰ってからも楽しい。

やはり、友達はいたほうがいい

そういうことで、友達は大事にするべきなのですが、気に入っている友達を選ぶことですね。みんなと友達にはなれませんね。クラスのみんなを友達にしてやるぞと言っても、これはちょっと難しいかも。それは知り合いですね。学校のみんなを知っているというだけ。友達は別です。

人には容量があるのですよ。何人と友達になれるのかという。それ以上はできないのです。ときどき友達が一人しかいない場合は、その友達一人で全部となり、もう一日が終わってしまうとかね。一人より二人、三人ぐらいでも、いてほしいとは思いますね。なぜなら、人の状況はさまざまですからね。何か用事ができたら、あの人に言えばいいや。別の用事ができたら、この人にいえばいいや、とかね。

そうやって、自分に必要なこと、助けてほしいこともさまざまだから、何人か友達がいたほうがいいのではないかなあと思います。我々は、男女ということを、あまりにも気にするから、まずいのだけれど、友達の場合は、性別は関係ないですね。性別は関係なく、友達はいたほうがいいとは思います。

質問22

先日、彼氏に、「価値観が合ってないんだよ、私たち」と言ったら、「価値観のとらえ方を間違えている。そんなに簡単に言っていいことではない」と言われました。価値観についていろいろ考えてみて、彼氏の言っていることは間違いでないと、何となく自分の中で結論が出たのですが、いまだに価値観が何なのかわかりません。価値観が合う、合わないで付き合う（友達や恋人関係の相手）を決めていいものでしょうか。

恋愛関係で価値観は、いくらか合うで充分でしょう。価値観が何でもかんでも合うということは、面白くないですね。いくらか価値観が合う場合は、すごく便利ですけれどね。この女の子が聞いているのは、「価値観って何ですか」という問題ですからね。もしかすると相手の男の子も、それって知らないかもね。教えてあげてください。価値観というのは日々変わるものです。

固定した、変わらない価値観があるわけではないのです。どうせそのつど、価値観は変わるのだから、別にいいのではないですかね。

自分が相手の価値観に合わせることもできるし、相手に「あなたも私の価値観に合わせてください」と言うこともできる。だったら価値観というくだらないものにしがみつく必要はないのです。

価値観というのは、人間にくっついている尾っぽだと思ってください。そんなものは存在しないのです。私に尾っぽがあるのだと思って気をつける必要はないでしょう。座る時にでも気をつける、とかね。服を着る時でも気をつける。ズボンを履く時は尾っぽを外に出すか中に入れるか困ったり、とかね。気にする必要はないでしょう。もともとないものだから。

価値観は毎日変わる

価値観とは、そういうものなのです。日々変わるのです。みんな「流行」という単語を知っているでしょう。一年で、どれくらい変わりますかね。自分たちの着る服のデザインは、どれくらい変わりますかね。皆さんの髪型はどうですかね。それも価値観でしょう。

私が大学に行っていた時は、ガングロの文化があったのです。その当時は、女の子たちはすごく格好いいと思っていたのですね。それが今では一人もいないのです。価値観が変わったのです。ときどき、特に女の子たちですけれど、いろんな流行をつくるのはね。たとえばゴシックスタイル。ある時代、ゴシック風に服装を着ていたけれど、それからはない、とかね。

ということだから、価値観が合ってないということが大きな問題ではないのですよ。「合ってない？　ああそう。じゃ、合わせますよ」と。でもすぐに飽きてしまいますよ、同じパターンの価値観に。だから、お互いさまで、価値観というのは日々変わるものだと理解していたほうがいいのですね。

たとえば男の立場からいえば、美人と仲よくしたいと思っているでしょう。美人と仲よくして、結婚もするのだけれど、すぐに美人ではなくなりますからね。そこで価値観を変えないと。結婚式のアルバムを見ながら今の自分の奥さんを見てしまうと、ただちに離婚したくなるでしょう。だって価値観が変わっていないのだから。

生の人間と結婚したのだから、生の人間というのは日々性格が変わりますよと理解すればいい。

毎日奥さんが頑張っていることを、毎日評価して、そうすると価値観が上がるのです。「この人は五年間も頑張ってくれたねえ」とかね。それで結婚式のアルバムを見る必要はなくなるのです。もっと価値の高い人がそばにいるのです。そうして六〇歳や七〇歳になると、相手がものすごく価値のある人になるのです。アルバムはまったく要らなくなってしまいます。恥ずかしくて、あんなの捨てなさいよと。価値観というのはそういうことでしょう。毎日変わるものです。

価値観が合う合わないで付き合う相手を決めていいか。友達や恋人関係の相手を決めてもいいか。結局は価値観で決まるでしょうね。友達関係をつくるのも、恋愛関係をつくるのも、結局は価値観でしょう。そこは日々変わるのだから、いつでもこの価値観というのは変わっても、どんどん価値が高くなるようにしてくださいね。前よりはあなたは今、大事だよと。友達関係にしても、日々どんどん時間がたつと、日にちがたつと、もっと大事な人になってくるというようにね。信頼が増して価値が高くなる、そういうふうにしたほうがいいと思いますね。

質問23

一度に二人以上と恋愛関係を築いてはいけないのはなぜですか。

相手がいて、相手がいやがるからでしょう。簡単に言えば。自分が二人と恋愛関係になりたいといっても、その二人がいやがるでしょう。だからそれも人権侵害になってしまうのです。相手の二人も「ああOK、OK」というならばいいのだけれどね。たとえば男が女性二人と付き合っていると、OKだと言っても、女性二人が自分の独り占めにしようと頑張るでしょう。そこでトラブルやけんかが起きたりする。特に恋愛関係というのはすごく執着する世界だから、「私のものにしたい」という感情がはたらくのです。他人と共有したくないのです。恋愛関係というものは。友達だったら「私の友達だから紹介してあげますよ」というのは平気ですけれどね。でも、恋愛関係ではすごく執着がはたらいているのです。自分の恋人とほかの人がニコッと笑っただけでも、ちょっと腹が立ちますね。嫉妬《しっと》しますね。そういうのは。

誰かと親しくしゃべってしまうと機嫌《きげん》が悪い。恋愛関係はそういうことなのです。ですから、一度に二人と恋愛関係を持ってしまうと、けっこうトラブルになってしまうのです。けんかのおおもと、原因になってしまうのです。

世の中でよくありますからね、二人と付き合っているとかね。ときどき結婚しているのに不倫している人もいるでしょう。それをものすごく隠すでしょう。隠すことというのは、やってはいけないことなのですね。隠さなくてもいいのだったら、別に問題ないのです。奥さんが知っているなら、「あれはうちの旦那の不倫相手ですね」といって、二人が友達で仲よくしているなら全然問題ないでしょう。でも、それはありえないでしょう、この世の中で。

恋愛関係では、この執着という、私のものにするという心理学的なはたらきが、感情的なはたらきがありますね。そういうわけで、やってはいけないということになっています。

時代や国、信仰によって異なる倫理観

これは、世間がいけないといっているとか、そんなのはどうでもいいのです。キリスト教の教えによってはいけないとかね、そんなのはどうでもいいのです。昔は王様とかいう連中はハーレムを持っていたのだからね。奥さん一人ではなかったでしょう。たくさん持

っていたのです。中国でも金持ちが奥さんを何人も持っていたでしょう。アジアでは、あまり奥さん一人ということはなかったのです、別に。

スリランカの場合は、昔の話でいろいろな記録を見ると、女も女で「おまえ、気に入らない」といって、別の男のところにいくのです。ヨーロッパよりよくない。イギリス人が、スリランカ人は原始的で結婚制度はないのだと悪口を言っていた。それで私は「ああ、格好いいなあ」と思ったりね。結婚制度がなかったでしょう。お互い気に入っている間は一緒にいるのです。子どももつくる。「気に入らない、おまえの性格が悪い」といったら別れる。それで別に問題ないのです。

私が読んだイギリス人の書いた本にあるのは、だから男たちがすごく気をつけるのだよと。奥さんが、気が立ったらもう出ていくのだと。出ていってしまうと。家の仕事をするには女性がいないと大変でしょうし、だから男はすごくしっかり奥さんの機嫌をとって頑張っているのだと。出ていかれたら困りますから。

ですから、女性が自由を持っていたのですね。相手が気に入らない、あなたはもう信頼できないとなったら、「何であなたのご飯を私がつくらなくてはいけないの」と。「帰ります」と。

昔の経済状況であれば、それはいくらでもできたのですけれどね。子どもを育てるのにお金もかからないし、子どもの教育といったら、お寺に送れば教育を受けられたし、誰だって食べるものをあげるのだから。私も小さい時は、どこに行ってもご飯を食べられましたからね。そういう自由な時期があったのです。今はできないのですからね。

とにかく、社会が決めたから、聖書でだめだから、キリスト教でだめだから、というのはどうでもいいのです。イスラム教では、男は奥さん四人ぐらいと結婚できるでしょう。しかし、その場合でも二番目の妻を持つ場合は、一番目の妻が許可を出さないと結婚できないのです。二番目の女性が「私は一緒に生活したくない」といったら、男には妻に別な家をつくってあげる経済能力も必要です。「あなたもこの家で住んでください」「いいえだめです」といったら、結婚は成り立たないのです。一番目の奥さんが「絶対いや」と言ってしまうと絶対だめなのです。

恋愛観の現在

現代は、どんどん孤立する、孤独社会というか、小さくなっていくのだから、相手が一人しかいない。今は、その一人さえ見つからない状態だからね。結婚したいけれど、相手が見つからない状態でしょう。

だから二人と恋愛できるといったら、ぜいたくです。大人の世界では、一人もいないので困っていて、それでどんどん年齢が上がってしまっている。女性にとって、結婚できる年齢というのは遅くなってしまいますからね。男の場合でも三五歳を越えてしまうと難しいのですよ。女性の場合は、もう子どもを産めなくなるようになったら難しい。まあそんなものですね。

とにかく、心理学的に、恋愛すると相手は「自分のもの」「自分の所有物」になる。

これは誰かと一緒にわかち合いたくはないのです。変なたとえを思い出したのだけれど、肌着みたいなものです。下着みたいなものですね。自分だけが着るのであって、みんなと共有するものではないのです。

質問24

どうして人は人を好きになってしまうのでしょうか。

二つありますね。一つは遺伝子的に異性を見ると惹かれるのですね。遺伝子的に補うようになっているのです。一人でいると、何か欠けていると感じるのですね、遺伝子が。自分に欠けているものを持っている人を好きになってしまうのです。それでずっと二人一緒に生活するはめになるのです。相手が別れていってしまうと、すごいショックで耐えられなくなる。相手が亡くなっても、耐えられなくなってしまう。これは遺伝子の欠けていたところを補っていたのだからね。子孫をつくりたくなるのはそういうわけなのです。子孫をつくって、遺伝子の問題を解決したと勘違いして生活するのです。

でも問題は、ずっと続くのです。子孫をつくっても、生まれてくる子どもは男か女でしょう。同じく遺伝子の問題があるのですね。欠けている、という。だから自然の流れで、同じ遺伝子同士で結婚してはいけないといっているでしょう。とても危険なのですね。別な人を探さないと、兄弟姉妹で結婚したら大変なことになるのです。性別が違うだけで、遺伝子的にはふさわしい相手になっていないのです。

ですから、人が人を好きになるというのは、そういう遺伝子の問題が理由の一つです。自分の遺伝子の欠点はそのままでいいのではないかと思うなら、別に人を好きになることはないのです。

もう一つは精神的な理由。精神的な理由は二つあるのです。一つは欲。自分にすごく欲があると、欲を満たしてくれる相手と一緒になってしまう。もう一つは怒り。その場合は、何かに対して恨みを持っていると、同じ恨みを持っている人と仲よくなってしまうのです。グループをつくってしまうのです。たとえば暴力団みたいな犯罪を起こすグループも、お互いはすごく仲がいいのです。お互いのために何でもやりますよ。全然、性別は関係ないのです。感情のつながり。

平和な社会では、だいたい欲で、性欲で相手のことを好きになる。体の形についても同じで、男の体にない、いろんなものが女性の体にある。それが、何となく気に入るのですね。手や指を見ても、男性の手よりは女性の手がすごくなめらかで、カーブがあって、何か気に入ってしまうのですね。そういうふうに、そこは欲、愛、欲なのです。

女性の場合でも、自分と違ってしっかりした、カーブがまったくない体、体格のある男がいてね、スケールも大きくて、自分にまったくないものですね。そうすると気に入ってしまうのですね。

そういうことで、感情で人を好きになることもあります。

これは社会をどんどん大きく広げて考えると、いろいろな活動をやっている場合は、いろんなコミュニティをつくるでしょう。同じ目的のある人々が一緒になるというね。もう同じ法則なのですね。

足りない部分を補いあう関係

英語の単語を使うと、ジェネティカル・ディファレンス、つまり遺伝子的な差という場合は、欠けているものを、相手と一緒に補いあいましょうということです。エモーション、つまり精神的な場合は、同じものを組み合わせる。どちらが強いかというと、精神的な組み合わせのほうが強いのです。同じものを組み合わせますからね。

遺伝子的に自分にないものを、ある人から補ってもらおうという場合は、それはほかの人にもあるのですね。だから、「あなたではなくて、この人とこれから付き合いますよ」ということもあり得るのです。どうせ欠けたものを補うだけだからね。ボールペンのキャップがなくなったら、そこらへんに適当にある、どんなキャップでもいいでしょう。キャップにするだけなら、そんな感じになるのです。

精神的な場合はそうではないのですね。欲は、似ている欲の人とつながってしまって、これで安定する。怒りは、怒り同士で仲よくなってしまう。嫉妬《しっと》は、嫉妬同士で仲よくなってしまうとかね。

世の中には、いろいろな組織がありますね。いろんなボランティア組織がありますね。あれは同じ気持ちで集まっているのですね、同じ目的で。組織はいくらでもありますからね、世の中には。何々団体、何々会とか、いろんな会、いろんな団体、いろんな組合。いっぱいあるでしょう。労働組合にしても同じことでしょう。同じ感情で同じ目的で組合をつくってしまうのです。その場合は組合に力があるのです。誰でもいいわけではないのです。

質問25 好きな子に告白するにはどうしたらいいでしょうか。

これは、他人にはわからないですね。好きな子の性格をよく調べて、何をしたら喜ぶのかとか、そこらへんちょっと内密で研究して、それで告白すれば。

好きな人だから、その人のことを調べるのは当たり前でしょう。その人はチョコレートが好きかどうかとか、チョコレートの場合もどんなタイプのチョコレートが好きか。本を読むなら、どんな本が好きか、マンガを読むなら、どんなマンガが好きかとかね。たとえば、マンガをよく読むなら、どんなタイプのマンガが好きなのか調べて「あなた、こういうマンガがありますよ。読んでみる？」とかね。そんな感じです。

それはその二人同士で、告白したい人がその研究をしなくてはいけないのです。これは笑いごとではないですよ。相手を理解することだからね。相手を理解することだから、すごく格好いいことなのです。

そこで告白しても、うまくいくかいかないかは別な話。これは遺伝子の問題です。特に判断するのは女性なのです。男は、無理やり判断を強いてはいけないのです。すごくこの、ひどい目にあうのは女性だからね。大変な荷物を背負うのは女性のほうですから。女性の遺伝子が「あ、この人ならまあ何とかなるでしょう」と判断するのです。これは女性にしても、頭で考えてする判断ではないのです。英語では、ケミストリー、つまり相性というふうに言うのだけれどね。女性はよく「生理的に気に入らない」と言ったりするでしょう。それなのですね。生理的に気に入らないとは、人を憎んでいるわけではないのです。

世界で相手を選ぶのは女性なのです。世界といっても動物世界でも同じなのです。すごく問題を背負うのは動物の世界で雌ですからね。動物世界で、ゾウの場合でもサイの場合でも全部雌の群れ、雌の群れでしょう。子どもを育てて面倒を見てあげて、大変ですよ。だからどんな雄と交尾するのかという決定権は雌にあるのです。

人間の場合でも同じですから、人間といっても、ただのもう一つの生き物でしかないのだからね。告白するのは男の仕事で。そのためにいろいろ研究したり調べたり、工夫するのは男の仕事で。

自分が告白しても相手が「ごめんなさい。だめ」と言ってしまうと、別に「あ、そう」といって開き直らなくてはいけないのです。だめと言ったらだめなのですよ。自分が相手の体かたちを見て、欲で、欲情で、「あなたを好き」と思っても、それでは成り立たないのです。それはすぐいやになってしまうのです。性欲以外の人間関係が起こるのですね。一緒にいるとただの性欲ではないのです。ものすごくいろんなことをお互いに合わせるのです。

だから、人間の場合、女性が決めなくてはいけないし、動物の場合も同じく雌が決めるのです。気に入ってもらうために、雄たちが頑張ります。たとえば角がいっぱいあるトナカイとかね。あんな角では面倒くさくて、山の、藪《やぶ》の中で生活もできない。引っかかってしまうしね。あれで雄同士、角を合わせてけんかしてけんかして、誰のほうが格好いいかと雌が決めるのです。雌が負けた雄を相手に決めたら仕方がないのです。必ず勝った雄と一緒になるというわけでもないのです。カエルの場合でも、雄のカエルたちがゲロゲロゲロゲロとすごい声を出して、雌は「あ、この相手にするぞ」と決めるのです。

質問26

私は友達からもよく「大人っぽい」と言われ、精神年齢診断サイトなどでも、小六（小学六年生）の時点で精神年齢が四〇代後半でした。なぜ女性と男性で精神年齢が大きく違うのですか。またなぜ女性の精神年齢のほうが高いのですか。

それは自然ですよ。自然の流れなのですね。これは、なぜ女だけが妊娠するのか、というのと同じ質問なのです。仕方がないでしょう。精神年齢が高い、四〇代というと、何か数字が、やり方が汚いのです。小学六年生の子で精神年齢が四〇代というと、気持ちが悪くなるでしょう。数字の当て方を間違っています。精神年齢が高いのです。

私の個人的な体験だと、抱っこしている三歳ぐらいの女の子が、私としゃべると、どこかおばあちゃんのような態度で、「あなた気をつけてくださいね。寒いのだからね」と。「はい、わかりました」と私は言うのですけれどね。うるさいのですよ。

ある日、ある家族と出かけたのだけれど、お父さんが娘さんを抱っこしているのですね。娘さんが、二歳か三歳でしょうかね。私のことを心配して、「あなた本当に大丈夫？」とか。「寒くないの？」とか。三歳の男の子だったら、そんなのは一切ないでしょう。あれは女性だからなのです。男と遺伝子は違うのだからね、染色体というものがね。

精神年齢のことは、気にする必要はないのです。女性は大変、世界を管理しなくてはいけない、人類の面倒を見なくてはいけないのだと。誰が偉そうに何をやったとしても、うしろに女性がいるのだよと。だから、女性をなめるなと。あなたたち男より我々は大人だよと。そういう態度をとればどうですかね。

女性は、リーダー的な立場も取らないで、リーダーをしているのだから、管理しているのだから。日本の総理大臣も自分の奥さんは怖いと思っているのだから。そういうのは自然の流れで、遺伝子的にそうなっていますね。いまさらどうすることもできない。

精神年齢が高いとか、そんなことを考えた人々は、頭がおかしいのですよ。精神年齢が四〇代とかね。だったら、女性の精神年齢を一歳にして計算したらどうなるのですかね。男はみんなマイナスになるでしょう。そんな話に乗らないでください。

質問27 同性愛について、生きづらくて悩んでいます。

「私」のことで悩まないでください。それだけ。

世の中でいろんな生き方がありますから、それは自分で勝手に決めることでもなくて、自然の流れによって、そうなっていることだから、被害を感じる必要はないし、社会がそれを批判するなら、社会に問題があるということです。

人間が人間らしく成長していないから、困っていますよ。ヨーロッパでは、イギリスやアメリカでは、黒人を差別する。人間ではないですね。人間として成長していない。人の皮膚の色はどうなるかということはわかったものではないでしょう。ヨーロッパ人がアジア人をけなしたりするし。私はそれに戦うのではなくて、「あ、まだまだ人間になっていないね」とか言って落ち着くのです。「まだまだ原始人ですね」とかね。同性愛みたいなことでも、まわりがいろいろ言っているなら、「ああ、まあ原始人だ」と思ってしまえば、問題解決です。原始人に合わせる必要はないのです。

質問28 人に愛されるためには何をしたらいいのでしょうか。

質問29 人に好かれるにはどうすればいいですか。

愛されることも、他人の責任だからね。好かれることも他人の責任だから、我々には管理できない。私のことを愛してくださいといっても、これは成り立たない。私のしていることを気にしてほしいと思っても、これは管理できないですね。

だから我々は、人に愛されようがなかろうが、好かれようが好かれまいが、自分が人の役に立つように、明るく生活すればいいでしょう。よく笑って、優しくて、あまりきつい言葉も使わないで、落ち込まないでいること。だからといって、ぎゃあぎゃあうるさくもしないで、適当に生きてみればいいでしょう。

愛するか否かということは、人が勝手に決めることだからね。何もしないのに自分のことを好きになると、微妙にまずいのですね。「あなたの字がすごく格好いい。芸術作品みたい」と言って好きになってくると、そこはデータがあってね、それは別にまずくはないのです。ただ単に、「あなたはいい子ですね。気に入った」というのは、ちょっとまずいのですね。

自分の活動を見て評価される場合は問題ない。だから優しい人間になることですね。あまりにも引っ込みすぎないし、あまりにも出しゃばることもしないで、適当に安全なレベルで生活するということでよろしいと思います。

質問30

情緒が不安定で、よくまわりから感情の起伏が豊かだと言われます。我慢強くなるにはどうすればいいですか。

質問31

物事が思いどおりに進まなくてイライラすることが多く、そのイライラが態度に出てしまいます。まわりの人にも気を使わせてしまうので、そのような時に思い浮かべるといいことや言葉などはありますか。

それは、もう放っておけばいいのです。どんどん経験していくと、いくらか落ち着くだろうと思いますね。身体的な場合もありますからね。身体的な状況だったらどうしようもないのですね。アメリカなら、薬をあげます。落ち着くために。そういうふうな人間も出てきます。仕方がありませんね。

イライラした時に思い浮かべるといい言葉とは、何か合言葉みたいなもの、呪文《じゅもん》みたいなものをほしがっているのですね。だいたい、物事がうまく進まないということは、本人が妄想して、早くやりたくなるだけなのですね。そうならないからイライラしてしまうのです。そこでトラブルになってしまいますから。

イライラする。たとえば炊飯器に米を入れて、スイッチを入れて、茶碗を持って待っている。イライラするでしょう。まだかと。まだ炊《た》けないのかとね。それで三五分間待っていなくてはいけない。炊飯器に米を入れて、スイッチを入れただけでは、ご飯にはならない。物事には順番があるのです。それを知っている人は、ご飯ができあがるまで、マンガを一冊読みますといってマンガを読めばいい。それで炊飯器のピーピーという音を聞いて、「あ、できた」とかね。その時にご飯を食べればいいでしょう。

そこで覚えてください。何となく自分が、物事は早くすんでほしいと思ってしまうのですね。そうするとイライラするのです。そうするとトラブルになる。それでまわりが割り込まなくてはいけなくなってしまうのです。

本人も知っているかもね。何か言葉をほしいと思っているのだからね。まあ、物事には順番がある、というね。「物事には順番がある」「それぞれの順番があり、かかる時間がある」と。

たとえば、種《たね》を植えたら植物の芽が出てきて、花が咲いて実ってはくれる。しかし物事に順番がある。だからトマトの種だったらトマトを実らせるためにはこれぐらい、カボチャの種だったらカボチャを実らせるためにはこれぐらいと、順番と時間がありますね。リンゴを取ってきてテーブルの上に置いておく。トマトを取ってきてテーブルの上に置いておく。そこで、食べられる時期、悪くなる時期も違うし、一緒に悪くなったりはしませんよ。

月曜日の午後三時にトマトを一個取って、リンゴも一個取ってテーブルの上に置いたとしても、同時に一緒に悪くなることではないのです。ですから、「順番があり、かかる時間がバラバラにある」ということを覚えたほうが、イライラしないですみます。

質問32
緊張しない方法はありますか。

質問33
緊張しすぎないようにするにはどうすればいいでしょうか。

質問34
店で店員さんに注文するのにも緊張してしまうほど人見知りなのですが、どうしたら解決しますか。

これって難しいねぇ。緊張は、いろんな原因で緊張するのだからね。誰もが同じ原因で緊張するわけではなくてね。個性があるのですよ。それぞれ個人が自分なりの理屈を持っていて緊張してしまうのですね。ですから本人が「なぜ私は緊張するのか」とまず考えることです。何か考えて、「じゃあ、こうすればいい」ということになるのですね。ですからこれって難しいのですよ。

ただ単に、「緊張してしまう。どうすればいい？」というのではなく、なぜ緊張するのかという原因を知ってほしいのです。ですから自分で、「私は何で緊張しているの？」と考えてみる。自分の価値観に原因があるのですね。それを発見してください。治らなくても別にいいのですよ。これを発見して、「あ、こういうふうに考えるから。この価値観を持っているから緊張するのか」と。

だいたい一般的にいうなら、自分のことをちょっと考えすぎですね。いくらか環境に自分を合わせたほうがいいのです。たとえば店に行ったら店の環境に自分を合わせてみる。自分だけで殻《から》をつくって中にいると、店にいる気持ちにならなくなってしまう。

たとえば大きいレストランに行ったとしましょう。ファミリーレストランに行ったとしましょう。ファミリーレストランはオープンで大きいスペースです。そこで隠れてじっとしてしまうと、緊張するでしょう。ファミレスに行ったら、その店の気分に入れ替える。ほかの店に行ったら、そこの店の気分に入れ替える。デパートにでも行ったら、デパートも広くて、いろんな品物があって、その気分にちょっと自分を調整すると、緊張感がなくなるのですね。だから自分という殻が問題を起こすと思いますね。

自意識と緊張の関係

デパートに行って、自分という殻に閉じこもってしまうと、店員さんに「これってどんな品物？」と聞けなくなってしまうのです。

あるデパートで私は、さっと買い物をしたくて行った時、そこへ行く途中で通らなくてはいけないところで、何か泥みたいなものをつけて、格好よくお化粧した女の子のグループが、明るく宣伝しているのですね。それで面白くなって、女性の化粧品売り場でしたけれど、私は「これって何？」と聞いたのです。

そうしたら、乗り気になって説明するわするわ。これは何とかかんとかで、どこから持ってきた泥だよと。「これで肌がすごくきれいになりますよ」とか言ってね。私は頭の中では、「泥を塗ったら肌がきれいになる？」と思いましたが「ああ、そうですか。ああ、いいね」と言って。「ちょっとやってみましょう、やってみましょう」とか言われてね。私は「いいですよ」と言って逃げましたけれどね。

自分が男で僧侶で、こんな若い女の子たちにそんなことを聞いてはいかん、とか自分の殻をつくったら、聞けなくなってしまうのです。「これ何？　泥？」「泥ですけど、死海の泥で、これは何とかかんとか」と。そういうふうに、いろんな関係ないことを私は勉強させてもらいます。昔は女性のアクセサリーとかね、カラットと値段の差がどうとか、たとえばダイヤモンドとかは、ちょっと見えないぐらい小さいのだけれど、二〇万円、三〇万円から値段がはじまるとかね。堂々と行って調べるのです。「これ、ああなるほど、これぐらいでしたね。カラットがどれぐらいで」とか聞いたりして。そうすると「これどうですかね、奥さんに買ってあげたら」とか向こうの人が言う。私は「じゃあ、あとにします」と。自分が知りたいものは聞くのです。

だから、「自分、自分」ということを意識しすぎてしまうと、できないのです。緊張するということは自分を意識しすぎ。だからファミレスに行ったらファミレスの気分。マクドナルドに行ったらマクドナルドの気分。いつでもその雰囲気に合わせて、気分を変えればいいのではないかと思います。

第3章

勉強に身が入らない

学校生活・宿題・学歴

質問35

どうやったら他人や友人からの評価を気にしないで生きることができますか。

いたって簡単。気にしないだけです。人は無責任に評価するのだから。評価するとか批判するとかいうその人は無責任、ある程度までは無責任でしょう。「これはおかしい」と言うことは簡単でしょう。「おまえは変だ」と言うのは簡単でしょう。

他人はあまり真剣ではなく、気楽に言っていることだから、「ああそう。私は変？　まあしょうがないね」とか答えて、それで話は終わり。

他人の評価はそれほどデータに基づいた、科学的な結論ではないのです。何か花を見て、「この花はきれい。私は好き」、そんな程度のことです。「では、科学的に説明してください。どうしてきれいですか」と聞いても、その人は、ある花を見てきれいと思っただけのことです。自分もきれいだと思う必要はないでしょう。

インチキな社会でよくあるのですね。たとえばヨーロッパの芸術作品とかを、どこかの美術館に展示すると、みんなパンフレットを見ながら読みながら、その価値観に乗ろう乗ろうとするのです。作品の前で、パンフレットを読んでいるのですね。そんなものは捨てて、ただ見て、気に入るか気に入らないか、それだけでしょう。「私には気に入らん」とかね。「これですか？　かの有名な作品は？」とかね。

たとえば、東京・新宿のビルにある、ＳＯＭＰＯ美術館の何億もするゴッホのひまわり。私は見て、「なに、たいしたことないなあ」とかね。私は別に、自分にとってたいしたことがなかったら、たいしたことはないと言うのです。いろんな公の場所で、いろんな作品、オブジェとかあるでしょう。「あーあ、何だこれは」「（このオブジェは）何か物を言おうとして、すごく苦労をしているね」とか、そんな感じで。

芸術作品の場合でも、評価するかしないかというのは、見る人の勝手でしょう。人間同士でも、そうやってみんな好き勝手に評価しているのだから。「だから何？」という態度で生きていなくてはいけないのです。

たとえば、ある芸術作品、ある音楽作品をつくる人は一生懸命つくるのだけれど、鑑賞する人々は「あ、あの音楽はあまり……」—「ちょっと気持ち悪い」とか「ちょっと気に入らん」とかね。評価して言うのは、勝手に言っていますよ。でも、その作品をつくる人がどこまで頑張ったとかは、気にもしない。

たとえば絵を描いて、「これを好きになってください」と頼んだとしても、好きになってくれるわけはないでしょう。「この作品、私は三か月間かけて描きましたよ」と言っても、「だから?」と。一〇分で作品ができあがったものでも、もしかすると一〇〇万円で売れるかもしれない。「何であの人は一〇分間、筆を動かしただけで一〇〇万円。私は、三か月間もコツコツと時間をかけてつくったものは一〇万円でも売れないのだ」と。「材料の値段だけでも三〇万円かかったよ」と。それでも仕方がない、評価だから。

ですから評価とは、科学的にデータを調べて、測って出す結果ではないのです。そういうわけで、生きているうえで自分のことは、「ああ、これはいい」とか、「これはちょっと変だなあ」とか、まわりがいろいろ評価するのです。だから、どうぞ自由に評価してください、私は私の生き方をやりますよ、ということで生きるしかないのです。評価を気にするということは意味がないのです。なぜなら、評価は感情的で、科学的な根拠はないからです。

何か食べようと思ったら、隣の人が「あのね、これは賞味期限が切れているから」といったら、それは科学的な評価ですね。だったらその評価は聞く。「あ、そう。じゃあやめます」と。そういう科学的なデータに基づいていう評価は誰もが気をつけなくてはいけないのです。ほかの感情的な評価は「自由にやってください」ということですよ。評価の内実を理解することで問題は解決します。

質問36

普段、まわりにどう思われるのかが不安で、自分らしくふるまうことができないことが多くて、よく悩んでしまいます。どうしたら、怖がらずに友達に自分らしくふるまうことができるようになれますか。

これは、だめでもともとと思ってやってみるしかないでしょうね。この、自分らしくふるまうという束縛《そくばく》もね。それも一つの束縛なのですね。自分らしくふるまわなくてはいけない、しかしまわりはどう思うか、これも心配だとかね。この考え方二つで問題が起きているのですね。

だからまわりにどう思われても、まわりは別に科学的にデータを調べて思うわけではないから、それはどうということはないのです。自分らしくふるまうといっても、それって何だと。「自分らしく」というもとは何でしょうかね。それも捨ててほしいのです。その場でその場で、一番いい態度でふるまえばいいのです。別に自分らしいということがなくてもね。

問題は、自分らしくふるまうとは具体的に何なのかと、まず調べてみる。わがままに生きることですか、とかね、いろいろ調べて決めたほうがいいのですね。「自分らしく」でもなくて、「他人らしく」でもなくて、他人の評価を思うことでもなく、「この場合はこうするべき」で、時空関係で判断すればいいのです。

友達四人でしゃべっている場合は、おなかがすいてどうしようかと。ラーメンがあるけれど、つくれない人がいるとしたらどうするか。自分はラーメンをつくれるのだったら、「じゃあ、私がつくりますよ」と。それだけのことで、そこで「はい、食べてください」と。あるいは、「じゃあ、私は買い物をしてきますよ」とかね。「あなたはつくれる？　じゃあ、何をつくる？　それだったら、私は買い物をしてきます」とかね。そうやって、その場その場で、自分にできることをやればいいでしょう。

私は買い物に行きたくない。料理もつくりたくない。あなた方がつくってくれるなら食べる。あなたは皿も洗ってください、という態度が「自分らしい」だったら、それはあまり通じませんね。要するに、わがままは通じませんね。「自分らしく」ということは、わがままであってはならない。その場その場で、ぴったり合った行為なのです。そこでは自分というものはないほうがいいのです。

たとえば、自分が女性だとずっと意識している。友達といて、ちょっとはしごを使って、誰かがはしごを登って上にある何かをしなくてはいけない、たとえば電球を換えなくてはいけないとする。私は女性だからはしごを登りませんよ、と言うのではなくて、みんなは何だか不安だなあ、やり方がわからないという時でも、その女性が方法を知っているのだったら、まあいいや、自分がはしごを登って換えますよと。それだけでしょう。その場その場で、自分にできることはやる。自分がはしごに登ったら足が震えるのでしたらやめてください。

そういうわけで、「自分らしく」の中身を勉強してほしいのです。自分らしくと、自分自分と、あまり意識しないほうが生きやすいのです。その場でその場でぴったり合うことをやればいいのです。それには自分という意識が少ないほうが、薄いほうがうまくいきます。

質問 37

集団生活の中で他人にどれくらい合わせることが必要ですか。

集団生活。適当に合わせればいい。集団生活する中でも、集団活動のところがあって、個人のプライベートのところがあって、ちゃんと分けているでしょう。

料理をつくることは集団でするなら集団、そちらに合わせる。寝る時はプライベートですから、それはプライベートで。その場でその場で、ときどきお風呂に入ることも集団でやらなくてはいけない場合もあります。それはそれで集団でする。活動は集団ですけれど、部屋に戻ってお風呂に入って、寝ることはプライベートだったら、それはプライベートになるとかね。

どれぐらいかといったら、その場で決めることで、こちらでは、私には答えられませんね。集団生活というのは何から何まで集団ということではないのですね。

たとえば、学校のドミトリー（寮、寄宿舎）とか、そこに住んで学校に行く場合とか、その場合は全部決まっているのだからね。これとこれ、これとこれを集団でするのだよと。

勉強するのは、自分だけでするとかね。だいたい、怠けてやりたくないものでも、集団になってくるとどうしてもやらなくてはいけないので、できますね。朝早く起きなくてはいけないのだけれど、五時に起床と決めているのだから、いやなのですけれど起きますね。そういう便利なところもあります。

質問38 個性を均一化することにどのようなメリットがあるのか聞きたいです。

何のメリットもないのです。デメリットしかないのです。

ありえないことでね。たとえば、自衛隊とか軍隊とかでは、みんな同じパターンで同じ価値観で、同じ指令で動くように訓練させます。あれってすごく不自然なのですよ。すごくマインドコントロールする、洗脳する。それはすごくよくないでしょう。世の中で軍隊があること自体もおかしいでしょう。戦闘をしたら人を殺すことになるグループだから。

警察は仕方がない。警察は、個人個人がトラブルになると面倒をみるところだから、個人でけんかしたり、トラブルになって法律を犯したりするのだから、その場合は警察が割り込んできます。警察は軍隊ではないのだからね。警察は、グループを組んで人を撃ち殺すことはできませんからね。軍隊はそうではないのですね。軍隊があること自体おかしいのです、世の中で。警察は必要です。兄弟げんかをしても、おさめる人がいなかったら、おまわりさんが来て「こらっ、何をやっているのか」と言ってもらわないと。とにかく個性を均一化することはよくないのです。

質問39

なぜ先生たちは子どもたちの能力を低く見積もるのですか。たとえば、探求のテーマ決めの時に、「どうせまとめてデータも取らずに終わりでしょ」といった発言をする。

それは能力を低く見ているわけではないのですよ。からかっているだけなのです。逆に馬鹿にしたほうが、腹が立って頑張るだろうと期待しているのです。「どうせ、ろくなことしかできないでしょう」と言ったら、「じゃあ、今に見ていろ」という感じになってほしくて、低く評価するようなことを言うのです。低く評価されて、すごく腹が立って、やってやろうじゃないかという気持ちになってほしい、先生を驚かしてほしいのです。「(先生が)あー、参った」とかね。その目的でよく使う手段なのです。これは教育してあげる立場で考えると、私もよくやりました。わざと低く評価するのです。それで腹を立ててほしいのです。それで、「ああ、そうか。じゃあ見せてやるぞ」とね。あの活気をつくりたいのですよ。その一つの手段なのですね。

逆の手段もありますよ。発表したものを派手に取り上げる。「じゃあ次、この人の発表です。ああすごいですね」と、くだらない文章まですごく評価する。そうすると何もなくなってしまうのです。発表する子どもも、「こんな程度で、ああ恥ずかしい」とね。でも、このやり方はちょっとショックが大きすぎるのです。低く評価するほうがショックがないのです。

たとえば、「はい、みんなで拍手。今から中村君の発表ですよ」とか、「では、お願いしますと」とかね。先生が「すごい発表を期待していますよ」と高く評価してしまったところで、中村君には発表するものがない。これがすごく大変です。その子の人生そのものがだめになる可能性もあります。逆は、それほど危険はないですね。「中村君？　どうせろくなことは発表しないでしょう。じゃあやりなさい」と言ったほうが安心です。ろくなことがなくても安心だし、ちょっと価値のあるものだったら、「ああ、なかなかいいんじゃない」と言ったら、それで充分です。

質問40

人の話を聞いて、質問はありませんかと聞かれた時には質問が浮かばないのに、もう一度思い出した時に質問がたくさん浮かんでくるのはなぜでしょうか。

なぜでしょうかねえ。最悪ですね。全部話が終わって、みんなが出て行って、家に戻ったら「これ、聞いたほうがよかった」とかね。でも、みんなそうなのです。

その場その場で質問を出せる人もいるし、出せない人もいますよ。だから、それを気にすることはないのです。あとで自分に余裕ができて考える時は質問が出てくるのですね。その時は、質問する時間がなくなっている。これはだいたいごく普通、当たり前、自然なことで、解決策もないのです。

どうしても質問したければ、メモでも書いて覚えておいて質問するしかない。話を聞いて質問する場合、ときどき前もって自分が疑問を持っている場合、それは質問として出せるのですね。だから、「質問がありますか」と言っても、そんなことになります、流れとしては。

気に入ったものをピシッとメモに書いておいて、質問の時に聞くか、あるいは、はじめからこの疑問をもっていたのだよ、というようにすれば、その時に質問として出せますね。話し終わって自分の部屋に戻ったら、余裕があるのだから、考えてしまうでしょう。その時はあらゆる質問が浮かんで来ます。それにはもう、どうしようもない。自分で解決策、答えを見つけるしかないのです。

質問41
なぜ宿題があるのでしょうか。

質問42
どうしたら勉強がはかどりますか。

質問43
勉強する時にほかのことに気を取られないためにはどうすればいいですか。

質問44
どういうふうな勉強の仕方をすればいいですか。

宿題というものがあるのは、知識を気楽に身につけてもらうためなのですよ。たとえばスポーツとか音楽とか、楽器演奏とかには宿題はないのです。だって練習しなくてはいけないからね。だから練習が宿題ですよ。楽器でピアノを弾くなら、楽譜を見だけで演奏できるわけがないでしょう。だから、練習をやってやってやって、やがて自然にできるようになる。できる、合格、というのはその時でしょう。

数学、文学などの場合は、宿題という形で出てくるのですね。ピアノの場合は練習という形で出てくるのです。技術を身に着けるために「繰り返す」というのは法則です。お釈迦さまも同じことを言っています。繰り返してやってくださいと。勉強ができるようにと。これがいやだったら、ご自分の脳みそに文句を言ってください。脳はそういうふうにできている。繰り返しすると身体と一体になる。

どうしたら勉強がはかどるか。勉強を楽しみにしてほしいのです。なぞなぞを解く場合は楽しいでしょう。その時、ちょっと脳が動くのですよ。なぞなぞを聞いたら、「あ、答えはこれでしょう」とか、あれが楽しいのですよ。脳がちょっと、ピンとなって動くことが、すごく楽しいのです。

だから勉強する時でも本を読む時でも、その文章か段落ごとに何か脳に入れて、脳には「ピン」となることをつくったほうがいいのですね。「あっ、わかった。これでしょう」とね。「あっ、わかった」という、あれがどうしても欠かせないのです。そうすると脳が勝手に、「これってけっこう面白いや」と勝手に思ってしまうのです。それですぐ勉強ができるようになるのです。

わかったことを表わすのに、マンガでも頭の上に電球がピカッと光ったような感じにするでしょう。あのマンガで表現することが、実際に頭の中に起こるのです。わかったら、もう仕方がなくて、言いたくて言いたくて。勉強はその楽しみでやってほしいのですね。勉強する時に、なぜほかのことに気が取られてしまうかというと、ピンと光ることがなくなっているのですね。とにかく脳の中で、あれが光るようにしてほしい。でないと大変です。ほかのことに気が行ってしまうのは、やっぱりほかのことが脳にとって面白いというふうに思っているからなのですね。これはすごく損なのです。

脳を働かせるために

勉強の仕方も知りたくなりますね。これは自分のプライベートで、自分なりの方法を考えてもいいし、怠ける方法ではなくて、しっかり覚えて理解できる方法を考えてください。一人一人、私はこうすれば覚えられます、私にはこうすればすぐ理解できます、とかね。

昔、私は数学があまり得意ではない子に教えたことがあります。めちゃくちゃだったのですね、問題を出してみると。私は、答えが正しいか正しくないかではなくて、問題をきれいに紙に書いてくださいと。ちゃんとラインを合わせて、揃えて。たとえば方程式の場合は、間にイコール（等号）がありますね。あれを定規で線を引いたような感じで書いてほしいと。文章は長さがバラバラですけれど、イコールでしっかりラインをつくって。

するとこの子は、格好よく美しく数学の問題を書くことに気が取られて、すごくできるようになってしまった。それだけで答えが出てくるのです。いたって単純なのです。「この解決法がわからない、わからない」と言って、いい加減に紙に書いても、答えは出てこないのです。脳の中でピン、ピン、ピンとね、その光りが必要なのです。だから簡単なことを教えたのです。いくら数学の問題が難しくても、ラインを整理することは簡単でしょう。私は答えが正しくても、当時はね、ラインを正しく書いていない場合はバツにしたのです。

そういうことで、自分なりに勉強の仕方を考えればいい。いわゆる芸術的に勉強すればね。本を美しく置いておいたりとか、ノートを美しく書いたりとかね。一つの芸術的パフォーマンスのようなものだと思ってしまえば、いくらか勉強は、はかどるかもしれません。本の間にしおりを入れる時でも、格好いいしおりをつくって入れたりとか。線を引く場合でも、パッとではなくて、ちゃんと定規を持ってしっかり引く。アイデアごとに色を分けたりとかね。覚えるべきことよりも、芸術的なところも気をつける。そうすると、どうしても内容はもう自分勝手に脳に入っているのですね。

質問45
やらなきゃいけないとわかっていても、それ以外のその時やりたいことをしてしまいます。どうすればいいでしょうか。

どうすれば、といっても、本人はそれ以外のことをやっているのでしょう。だいたい、「やらなければいけないことはあとでやります」という人は、一生何もしない人生になってしまうのですね。関係ないものを全部やって、関係あるものは何もやらない、というね。そういう性格の人間もいますよ。最終的にはだめな人間になってしまいますからね。

やらなければいけないことを先にやってしまうと、びっくりするほど楽しみが生まれてくるのです。楽しいから、それ以外のことをやっているのです。やらなきゃいけないことをあと回しにして、別な楽しいことをやるでしょう。それから得られる楽しみよりも、十倍百倍ぐらい楽しみが得られますよ。やらなくてはいけないことをその場でやってしまうと。やったぞ！というのは、すごく気分爽快《そうかい》なのです。だから、一回試すしかないのです。試してみたらそのよさがわかります。

質問46

勉強と恋愛のどっちが大事ですか。

それはよくわかりません。私もね。勉強って、一生役に立ちますね。大人になっても勉強したことで生計を立てていますからね。恋愛というのは、ある時期だけのことですね。大事さはそれぞれで、まあ評価はできないですね。どちらも大事です。時間的に考えて、勉強は一生役に立つのだからといって、勉強は恋愛より大事かなあというのも、よくわからない。恋愛も、する時にはしなくてはいけなくなるしね。

質問47

学歴とは何でしょうか。

学歴というのは、自分がどんなふうに若い時に生きてきたかというね。真面目に生活した人か、そうでない人か、責任を果たす人間か、責任放棄する人間か、ということを判断するものなのですよ。まあ、ただ人の評価のためでしょう。ただ人間を見ただけで、「この人はOK」とかは、わからないですからね。

たとえば、ある有名大学に入りましたと。学歴を見たら、卒業していない。私なら、「なるほど、この人に責任ある仕事は任せてはいけない」と。「何で卒業していないのか」と聞いたら、「いえ、あまり役に立たない学問を選んでしまったので、やめました」と答えても、信頼しない、私は。間違って役に立たないものを選んでも、コースを終えて卒業してほしいのです。そういう人は、私が何か頼んだら、それを完了させるまでやりますよ。「大事な仕事なのだけれど、何か気に入らなくなったから」とやめてしまったら、どうしますか。そういうわけで、学歴は必要なのですよ。

法律学科を出たから、じゃあ法律関係の仕事を、ではないのです。法律学科を卒業しても、料理の仕事をしても大丈夫です。学科を卒業しているなら、その人は料理の仕事に回っても、プログラムを覚えて、順番を覚えて、しっかりやるのです。必要な性格なのです。学んだことそのものでもないのです。

たとえば数学の場合は、学ぶものはほとんど日常生活に役に立たないでしょう。学んでほしいだけですね。それで性格が、信頼できるかできないか、責任を任せられるか任せられないか、ということはわかるのですね。そういうことで、学歴は役に立ちますね。

質問48 学生は結局何が一番大事なのでしょうか。

そんなものはないですよ。やっていることは何でも大事です。順番をつけないでくださいよ。遊ぶことも大事、友達をつくることも大事、いろいろ調べることも大事、勉強することも大事、宿題をやることも大事。

その中で、これは大事、ほかは大事ではないというものはないのです。そうでないと無駄なことをやっているはめになってしまいますよ。無駄なことは何もないのです。

たとえば、学校で週一回、掃除するとかね。全体的に、床を拭いてきれいにする。全部大事ですよ。あるいは週一回、月一回ぐらい学校から外へ出てきれいにするとかね。外でゴミ拾いするとか、ある日は海岸に行ってゴミ拾いするとかね。すべて大事です。

そういうことで、自分がやることは、これが大事、これはつまらないと思わないでください。それこそ人生が全体的につまらなくなってしまいます。やることは何でも大事だと思ったほうがよろしいと思います。

第4章

社会に対する疑問

事件・SNS・お金

イントロダクション――心の力を考える

ここからは、心のことについて話し合いたいと思います。今まで、生活はどうするのか、仲間とどう付き合えばいいかとか、社会的な生き方についてしゃべりましたが、これは、それほど乗り越えられない大変な問題ではありません。何とかいろいろ試行錯誤して、人との付き合い方や生き方は見つかりますよ。

しかし、大人にも子どもにも、誰にでも一番必要なのは心の問題です。心の問題というのは、ちょっと科学的に見なくてはいけません。まず、我々は生き物だと理解するのです。生き物といったら、客観的に見ると身体という物体がありますし、その中で何か生きているという機能が働いているのです。

そうすると植物も人間も同じというふうに見えます。生命のうち、動物も人間も何となく物事を感じるということがあります。ただの物体ではなくて、この物体に感覚がありま す。植物は、ただ遺伝子をつくってすぐ大きくなって、プログラムどおりに大きくなって、自分の寿命が終わったらなくなる。ほかの生き物はそうではない。痛みがある。泣いたりする。楽しくなったりする。走ったり回ったりする。けんかもする。いろいろなことをしているのです。食べるものの好き嫌いもある。それらをまとめて感覚、感じることだと思いましょう。

これはもう物質よりも膨大なエネルギーです。だから、すごく重大に考えなくてはいけない。たとえば、地球で人間がいなかったら、地球はいたって簡単に元に戻って、自然の法則に戻る。人間の活動によって、地球は丸ごと生命が生存できない状態になりかかっています。全部、人間の心の力でやったものです。みんなが知っていることは、人間が自然を破壊したのでしょうということです。

やっぱり生き物は、生きるとほかの生き物に邪魔ということがあるのですね。よく見ると、動物も同じことをしているのです。動物も自然界をある程度、破壊する。でも、それは簡単に元に戻れる場合もあります。

鳥たちはヒナを育てる時、あちこちに行って餌を探す。ウミネコという鳥がいます。魚を獲るわ獲るわで、キリがないぐらいです。だから、何だか迷惑ですね。じゃあ草食動物はどうですかというと、せっかく成長している葉っぱを食べまくってしまいますからね。ゾウなんかは枝を折って食べてしまうし、シカとかヤギとかは、やわらかい葉っぱを全部丸ごと食べてしまいます。だから、植物にとってはせっかく成長したのに、もうめちゃくちゃになってしまうのです。何か生命体は、自然を破壊するという仕組みになっています。

それは理解してほしいのです。

生命の価値という矛盾

基本的に、私が生きるために、なぜほかの生命が死ななくてはいけないのですか。そこに理屈は成り立たないのです。人間が肉を食べて、魚を食べて生活するのです。魚は何も悪いことをしていないのです。鶏さんや豚さんや牛さんは、何も悪いことをしていない。なのに人間に食べられてしまいます。鶏にしても自然界でコケコッコーと鳴きながら楽しく生活したいでしょうが、できない。動物によっては、森の中で生活しなくてはいけない、どうしようと。人間でいることも、ある程度、残酷でしょう。

それがよくわかるのは、動物とかをかわいがって飼ってあげると、我々と同じく人権を持って、えらくプライド高く生きているのです。バカにしてほしくないとか、対等に私のことを見てくださいという態度をとるのです。実際は、その平等ということは成り立ってない。我々は水槽で飼っている魚はかわいいと思いますけれど、釣り竿を持って行って川の魚を獲って殺して食べたりする。罠《わな》を仕掛けて動物を獲るとか。

あるいはトローリーという網で、海の底まで引きずって何一つ残らず生き物を獲ってしまうという。だから人間も残酷で、シャチもそうでしょうし、クジラもそうでしょうし、ほかの動物もそうなのです。

だから「命は尊い」といい加減に言わないでほしい。命というのは、何か悪い仕組みでできているのです。悪いかどうかをどうやって判断するのかというと、それはいたって簡単です。

豚さんが私を殺して食べてちょうだいとは言ってないのです。必死で自分の命を守りたいでしょう。食べてもいいよと言っているのは、バナナ、リンゴ、マンゴー。そんな程度なのです。米とか籾《もみ》とかはどうせ食べられますから、たくさん種《たね》をつくりますと。それも生存するためにに。タコにしても何千も卵を産むのです。産んで守っているのだけれど、三〇〇〇あるいは四〇〇〇個の卵を産んでも、残るのは三匹、四匹。ほかは全部食べられてしまいます。そういう仕組みまでつくらなくてはならなくなっているのです。生き残るために。

動物を見ると、「食べてちょうだい」「私を殺して食べてちょうだい」とは言ってないのです。逃げようとするのだから。そこで残酷さが見えてくるでしょう。力の強い生命は、力の弱い生命を食べてしまうというふうになっているのです。

自分のことしか考えないという命の仕組み

そこから、我々は心の問題を考えなくてはいけないのです。やっぱり仕方がないでしょうと、正当化する必要はないのです。たとえば、人間が鶏を食べているのは正しいと。しかし、自然界の動物を殺すなよと。どういう意味ですか？　そうすると、人間だけではなくて生命の心は、いつでも自分のことしか考えてないという事実が見えてくるのです。

私は、カラスが子育てするところを観察したことがあります。日本ではちょっと難しいかもしれませんが、カラスが卵を産んでヒナが産まれたら、残酷にほかの鳥のヒナたちを獲って、自分のヒナに持って行って食べさせるのです。ワシもそうです。残酷な狩りをしてヒナに食べさせるのです。その場合は、殺される相手のことを考えてないのです。

ある日、昆虫をくちばしで獲っている鳥を見て、昆虫が足を動かしながら、動いて逃げようとしているのです。命を守りたくて。でも、鳥のくちばしにくわえられたらもう逃げられません。くちばしでぐっと虫を押さえておいて、どんどん昆虫の力が弱くなっていくのです。弱くなってくると、生きたままでパッと食べてしまう。

そういうありさまを観察してほしいのですよ。鳥も餌を食べてほしい。だからといって、昆虫は何も悪いことをしていない。これって、理屈は成り立たない。なぜ昆虫が死なななくてはいけないのですか。昆虫にしても、自分の生命サイクルを生きていきたいでしょう。だから、命というのはそういう仕組みなのです。

その昔、キリスト教がじわじわと現れてきた。みんながアイデアを出してつくった宗教です。もともと誰の考えかは、よくわかりません。とにかくキリスト教以前からも、神が世をつくったという考えですから。それでキリスト教のあるグループであるグノーシス派の一部が、世の中を創造したのは悪の神様だと。とても悪い神様が世の中をつくったという。よい神様もいて、両者の戦いがある。というふうに、何となく哲学もつくってしまったのです。私は知らないですから、誰が我をつくったということはね。知らないのに堂々としゃべるなよと。

弱い人、弱い生命を、強い生命は食べてしまう。それを放っておくと、どんどん弱い生命が消えていく。強い生命の間で弱い生命を食べてしまうと、最後に強烈に強い生命が残る。誰を食べるのですか。お互い強い、平等に強いのだから。そうするとみんな死ななくてはいけないのですね。

今、地球で人間は食物連鎖で一番上にいて、凶暴で、知識もあって、技術もあって、資源やテクノロジーを全部持っていて、この残酷極まりない生き方をしているのです。だから、やがて人間は生きられなくなって破滅するのです。数学だったら無限ということは成り立つでしょうが、現実的には、我々は無限を経験できない。そういうことだから、何となく命の仕組みは、ありがたくないということに見えるのです。

不平等というジレンマ

まず、どんな世界でも、日本でも外国でも、命は尊い、プレシャスライフとか、くだらないことを言っています。立派な大人が。どこがプレシャス、尊いのですか。私たちはウサギを飼って、ああ尊い命だなと思うことはできます。すごく狭い範囲なのです。ウサギちゃんがかわいくて、布団の中にも入ってきて一緒に寝てと。人参をあげたらすごくかわいくて、もぐもぐ食べたりとか。痛みを感じたらいやな顔をしたりとか。そういうスケールであぁ尊いと、自分と同じだと思えますが、全体的に見るとそうではないのです。

この疑問というのは、私も幼い時、物事を考えられるようになってくると、考えられる前から感じるのです。何か変だと。考える能力が出てくると、もう考えることをはじめるのです。私が一番最初に感じたいやなことは、なぜ上の兄弟が凶暴なのですかと。別に文字どおり凶暴というわけではなかったのですが、何か権力を持っているのです。私は、言うとおりにしなくてはいけない。自分では、ほとんど何もできないのですね、一人では。姉と兄が二人いて、こちらが困った時はさっと来て助けてくれるのです。服を着せてくれたり、いろいろやってくれるのですが、何か態度がでかいというか、権力を持っている。これってどういうことですかと。ときどき彼らに怒られて機嫌《きげん》が悪くなって、母親に訴えても、「姉の言うとおりにしなさい」と言われる。えっ？　何で姉を叱らないのでしょうか、と。

小さい時にそれを思って、兄弟はお互い協力し合って仲よくなるのですが、やっぱり平等でないということも現実です。しかし、平等であってほしいというジレンマ。平等とか、そんな言葉は知らなかったのです。まだ小さくて、ろくにしゃべれないのですよ。でも感じるのです。どんな人間も、そういうふうに物事を考えるだろうと思います。考えない人もいますけれど。

そんなことで、イントロダクションとして、心のセクションとしてここまで考えてから、具体的な質問に答えていきたいと思います。

一番最初に出てきた問題は、次のとおりです。

質問49

人はなぜ恨みあい、憎しみあうのでしょうか。

もう、ここまでのイントロダクションで答えが出ていると思います。「私が生存したい」、それだけしか考えていないのです。それに、ちょっと邪魔と思ったら、現実に邪魔でなくても、邪魔だと思っただけで、恨んだり憎しんだりするのです。必ずほかの生命に対して恨み、憎しみを持つのです。

そして、「みんな平等」ではなくて、「俺は偉い。俺が言うとおりにみんなやりなさい」という態度から、そうした悪感情が出てくるのです。相手がしゃべった言葉が自分には気に入らなかった。それで恨みはじめてしまう。あるいは、誰かがクラスで一番いい席を取ったとか。さっと走って行って席を取ってしまった。それで腹が立ってしまう。そういう感じで、憎しみあい、恨みということは出てくるのです。相手も同じ反応をしてしまうと、これはもう火のように燃えてしまいますよ。

面白いのは、誰だって生きていきたいということです。だから恨み、憎しみを持ってしまうと、自分も同じようにされることになる。自分が恨みの種《たね》をまいたら、恨みをたくさん刈り取ることになる。恨まれる存在になる。自分が憎しんでしまうと、もうそれは憎しみの種をまいているのです。人の、生命の心の中に。人間だけではないですよ。動物の心の中にも、その種はまけます。動物に憎しみを入れてしまうと、動物の心の中で憎しみが実って、結果は自分で刈り取ることになるのです。

たとえば、私がAさんを恨んだら、Aさんが街に行ってコンビニの店員さんを殴ることはしません。殴るとか何かいやなことは、私にするのです。ものの見事に、自分がまいた種は自分で刈り取るということが起こるのです。それも一つ、みんなが気にしない法則なのです。私は最初に生命の残酷なシステムを教えたでしょう。その中には、いろいろな法則がたくさんあります。一つは、自分がまいた種は自分で刈り取る。これはもう他人にはできません。

そうした悪感情はよく見えるのです。だから恨みあう、憎しみあうことになる。恨みあうといっても、自分が相手を恨んでしまうと、相手の心に恨みが生まれるのです。自分が種をまいたのです。相手にしても、いつもニコニコ笑って楽しく生きていたのに、人が自分のことを恨んだところで、あの明るさは消えてしまって、自分の心に恨みの種が成長しはじめてしまうのです。それで「恨みあう」という単語を使っているわけです。
Aさんが Bさんを恨む、BさんがAさんを恨む、AさんはBさんを……と、どんどん強くなって、自己破壊か、他人を攻撃するところまで進んでしまうのです。グループでやってしまうと戦争でしょうし、個人でやってしまうとけんかでしょうしね。

仏教で言う無知が根本原因

この原因は、何でしょうか。自分のことしか考えていないからなのです。自分が偉いと思っているのです。何か思うなら証拠が必要でしょう。「今日は寒い」という場合は証拠があります。自分が寒さを感じているのだから。「自分が偉い」というのは、どんなデータでそう思ったのでしょうかね。だから仏教では、根本的に無知だと言うのです。「我は偉大なり」と思う、その証拠はどこですかと。なぜ恨みあい、憎しみあいをするのかといったら、相当な愚か者だからなのです。答えは簡単です。相当な愚か者なのです。あなただけが偉いと、どうやって決めたのかと。

どう見ても、客観的なデータが取れるのは、みんな自分の尊厳というか、生存権とか、生きる権利をほしいと思っていることだけなのです。それは犬猫にも昆虫たちにも、生きていきたい気持ちがあるのだから。その気持ちは平等で、みんなにあるでしょう。なのに、現実的なデータを見ないで、勝手な結論をつくって、「私が偉い」と思うことは、恐ろしく無知なのです。これはどんな生命にもあるのです。

それで奪ったり殺しあったり、そこまでいくのです。奪ったり殺しあったりする場合は、すごく態度が大きくて行動に移るわけなのです。行動に移らない人々は、そこまで勇気のない人々は、恨みだけで憎しみだけで、自分で燃えて燃えて、まわりにも火を散らかしてしまって、燃えて死ぬ。勇気ある人々は奪ったり戦ったり殺したりして、相手は肉体的にも被害を受ける。

そして次の質問につながります。

質問50

どうしてこんなに人間は醜いのでしょうか。

これは人間だけの問題ではないのです。我々は人間同士だから人間のことはわかります、ある程度までは。迷惑といったら、ほとんど人間からの迷惑です。批判されたと思ったら、人間でしょうし。叱られたと思ったら、犬に叱られることはないのだから。同じ人間同士のグループで醜いという気持ちも生まれてくるのです。動物の世界でも、同じグループでけんかしたりして怒るのです。

では、根本的な問題。ある程度、緩和するとか解決することも可能ですが、やっぱり生きる問題はね、生きるところで何か矛盾的な仕組みが、残酷な仕組みができているのです。だから、生きていきたいと言った時点で、残酷ということは付いてくるのです。生きていきたいという気持ちは、取り消すことはできない。だったら、どうやって折り合って、この残酷さを減らすのかと。この世の中で、そこまでみんな考えないのだから、道徳やら、あれやこれやといろいろなことを言って、それによってさらに人間の自由を抑えてしまうということも起きています。

だから、無知な人は道徳を語ってはならないのです。道徳はどんな人にも好き勝手に言えるものではないのです。智慧《ちえ》がないと、物事を客観的にデータに基づいて考える人でないと、道徳にはならない。我々は、小さい時から「うそをつくなよ」とよく聞かされてきました。しかし、そう言っている本人もうそをついているのです。子どもだからね。そんな力がないから「うん」と聞いているのだけれど。ちょっと態度が大きい子どもだったら「あんた、うそついたことはない？」と聞いてくるけれども、相手は素直に答えられない。「私は、うそは嫌い」とうそをつくのです。

ですから、うかつに偉そうに、人に道徳を押し付けるものではないのですよ。それも非道徳なのです。うそをつくなよということも非道徳なのです。なぜなら、その人の思考と言葉を無理やり抑えているのだから。人の言論の自由をおさえることも道徳ではないでしょう。人の思考を抑えることは道徳ではないでしょう。うそをつくなよと、人の物を奪うなよというシンプルなことすら、押し付けるものではない。立派な人間には、それを言う権利がありますよ。みんなにあるわけではないのです。我々は、ちょっと哲学的にそういう問題は考えたほうがいいとは思います。

質問51

道徳というのは確かに重要だとは思うのですが、ある程度、考えることができる人には、むしろ毒になる可能性があるのではないでしょうか。合理的とされることが何々すべきというもので隠されてしまい、考えの自由が制限されてしまうのでは？

はい、今そのことを分析しています。すごく難しいのです。科学を教えるよりは、道徳を教えるのは難しいのです。世の中でどんな学問も教えるのは簡単です。どんなものでも、スポーツでも芸術でも科学でも、教えるのは簡単です。しかし、生き方を教えるのは、よい生き方を教えるのは、これは極限に難しいのです。教えようとすると、人権侵害をしているのです。人の自由を奪っているのです。人の思考、考える自由、言論の自由、生きる権利を奪っているのです。かなりややこしいのです。世の中では、みんないたって簡単にあれこれ言えるのは道徳だと思っているのです。

これをやるなかれ、これをやりなさい、これはこうで、あれはこうでと言うと、いつでもどんな人間も、うるさい、迷惑と感じるでしょう。いやな人だとか。あの人は、これはだめ、あれはだめという。そしたら隠れてやりましょう、バレないように、あの人にだけ気づかれないようにしよう、バレないようにしようと、道徳を教える人は、そんなはめになってしまうのです。要するに、無知な人が道徳を教えることが、余計に、非道徳的な世界をより一層育てるはめになってしまうのです。

私は最初に説明しました。「自分が生きていきたい」と思う人は、それしか、それ以上は考えない。もうちょっと考えて、私が生きていきたいということは、ほかの生命も生きていきたいと、そのステップに行かないのです。私は恨まれることはいや。いやになったのは自分に価値があると思っているからなのです。私が人を恨むと、その人はいやがるでしょう。その人の価値を否定しているでしょう。

それがわかった時に、自動的に道徳が成り立っているのです。人権侵害もなく、人が人に偉そうなことを言うこともなく、人に支配されることもなく、支配することもなく、美しく平等で道徳的という世界が現れるのです。必要なのはアンダースタンディング。科学的に物事を知ることなのです。

生命が持つ残酷さ

ブッダの言葉ですけれど、「自分を模範にして、サンプルにして生きてみなさい」、それだけです、すべての道徳は。研究材料は自分です。自分が唯一な存在であると思ってしまうと、これは想像を絶する愚かさです。生命というところで、生命とは基本的に残酷に生きるという罠《わな》にはまっているのです。そこからどうやってよりよい生き方をするのか。生きていきたいという気持ちがある。それを取り除くこともできないし、生きていきたい気持ちを一方的に実行すると、かなり残酷な生き方になる。その結果、自分の命が早くも終わってしまいます。

どんな生命にも寿命というものがあります。寿命も平等ではないでしょう。犬の寿命と猫の寿命、人間の寿命、それぞれバラバラですから。せいぜい寿命が終わるまでは生きたほうがいいでしょう。しかし、生きていきたいという気持ちをあまりにも強く抱くと、八〇年の寿命はもう四〇年で終わってしまいます。

道徳は、いろいろな定義ができますよ。自分が危険にさらされることなく、いろいろなトラブルも引き起こして困ることもなく、自分の寿命が終わるまで、自然に死ぬまで、どうやって生き続けるのかと。生きていきたいのだから。

生きていきたい、生きていきたいと思っても、誰だって自然法則で死ななくてはいけません。せいぜいその時まで、トラブルなく生きる。トラブルをつくらず、引き起こさず、生きる。それが道徳的な生き方になるのです。

道徳と非道徳

いつでも道徳と智慧《ちえ》、アンダースタンディングが一緒なのです。智慧から離れると、道徳ではないのです。殺すなかれということは、ただ単に殺すなかれと言ったら、それは道徳ではないのです。非道徳です。アンダースタンディングがあって、誰だって生きていきたいのだから、放っておきましょうよと。放っておくとは、生かしてあげることでしょう。そこで殺すなかれ、つまり「殺してはならない」ということがなくても、殺すことをしない。それが道徳になるのです。

みんな生きていきたいのだから、ちょっと協力をしましょうと言うと、それが道徳になるのです。人を助ける、命を助ける。道徳にレイヤー（層）が現れてくるのです。殺生《せっしょう》しないだけでも道徳。その上、すごく格好いいレイヤーが入ってくるのです。「助けてもあげます。生きるために」という。

こう理解しましょう。我々の自由をおさえて、無理やり道徳という鎖を付けるならば、「これはやってはいけない、こうやるべき」と言うと、カチ、カチと手、足、あちらこちら、口にも、鼻にも、耳にもいろいろなところにロックをかけることでしょう。それが恐ろしい非道徳的なのです。そこで一人一人が命とは何かを理解して、自然に生きる。それが道徳になるのです。

質問52

最近、人殺しのニュースをよく見る。ニュースだけ聞くと犯罪者、つまり人殺しが悪いと思う。でも、もし被害者が、殺された人が、犯罪者の家族を殺してのうのうと生きているような人だったら。つまり、自分の家族を殺した人を殺した。自分的にはその犯罪者は悪くないと思うけれど、どうするのが正解なのでしょうか。

これは法律用語でいう、殺意、心理的な原因を警察は調べるでしょう。動機、それだけの話でしょう。動機は何だったのかと。

動機を見ても、人はちょっと揺らぐのです。要するに、物事は数学的にはいかないのですよ。たとえば私が人から千円借りて返さなかったら問題なのですね。このトラブルを解決する方法は何ですかといったら、千円を返すことですね。返してから、返さなかったことはすいません、ごめんなさい。それで終わり。

物事はそんなふうにいかない時もあります。世の中の無知は人々がつくっている。法律も無知な人がつくっている。人を殺すなかれと法律をつくって、人を殺したなら、おまえを殺すぞと、死刑にする。それも法律でしょう。でも、成り立たないでしょう。人を殺したら殺人罪で、罪。だったら罰としてあなたを殺す。何の意味もないのです。それも人殺しだから。殺したあなたは悪いから、あなたを殺します。それは納得がいかないですね。では、死刑にしない。その代わり終身刑にする。こいつは死ぬまで政府のお金で、国民のお金で守って食べさせてあげなくてはいけない。万々歳ですね。仕事もせずに、タダで食べている、安全なところで。これも成り立たないですね。

俗世間には、社会には、一時的に法律とかがありますけれど、生命として見ると、こんなのは成り立たないのです。我々に必要なのは、日本の法律はどうですか、アメリカの法律はどうですか、ではないのです。

人間として、生命として何が正しいかということなのです。日本では麻薬は違法ですけれど、ヨーロッパに行ったら店に行って買えるものがあるとか、そんなことで、地球の生命体を守るべき道徳は出てこないのです。それはそれで、社会人だから気をつけながら、それよりもっと大きい世界、この宇宙スケールで、最低でも地球スケールで、命は何ぞやと考えてほしいのです。

その時、責任は個人に来るのです。人に指をさすことはできなくなるのです。私は生きていきたい。だったら、すべての生命も生きていきたい。それを理解したことは個人の仕事でしょう。生きていきたいから、みんなそのまま生かしてあげる。さらに、生きることを助けてあげる。自分に能力があれば。それも個人スケールの責任です。法律で設定することはできないのです。日本人は、まわりの人々を必ず助けるべきである。助けない人は四万円以下の罰金とする。何ですかこれは。成り立たないでしょう。この空間に入るなよ、入ったら罰金だと言うと、それはわかりますけれど。

法律とは、その時その時、一時的にちょっとコントロールするためにあるものです。ある程度、世界の法律は似ているところはありますけれど、似ていないところもけっこうある。たとえば、イスラムの国々では、イスラム教が国教だから、法律イコール宗教になってしまう。ほかの国々の法律とは差があります。

法律と道徳の根本的な違い

それは法律であって、道徳は、法律ではないのです。道徳は、命をどう生かせるのかという方法論なのです。私はどう生きるのかというところが、道徳世界なのです。何でそこに道徳がいるかというと、この命が無知でできているからです。何でも自分の主観で判断する。データは取らない。データは一切ないのに、自分が尊いと思う。論理的に、「私は尊い」と言ったら一切の生命が尊いというなら、何の意味もないのです、尊いという言葉は。誰だって尊いのだから。なのに、データを取って考えることをしない。

それはまずい。私が尊いと思ったことは、とてもまずいのです。とても残酷な、非道徳的な生き方になるのです。ほかの生命にはものすごく迷惑。ほかの生命も生きていきたいのだから。ものすごく残酷な世界が現れてくる。だから、無知で判断するのではなくて、何とかしてデータに基づいて、理性で物事を判断する人間になってほしいのです。そこが道徳ということになるのです。

犯罪を起こしただけで、あの人が悪いと思っても、これもよくわかりません。たとえば、人が犯罪者になる場合は、なぜ犯罪者になったのでしょうか。その人に物事を正しく判断できる能力をあげていない、授けていない。小さい時から、いろいろな人間関係で、いろいろなことでトラブルを起こしてしまいました。経済活動も競争でしょうし、教育も競争でしょうし、その競争で残酷にも負けてしまいました。なのに、負けないように誰も手を貸してくれなかったとかね。自分は生きていきたいのだから、そのとった態度で間違ったことを、ほかの命を奪うことになりましたと。そうすると、誰が悪いのでしょうか。

ですから、たとえ人が人を殺しても、「したがって汝《なんじ》が悪い」と指さすことは不可能です。こういう場合は、とても表面的で、管理だけする法律に任せるのです。法律は、○○さんが殺した。こういう事情で殺した。○○さんが殺した証拠は揃っている。そこでデータを見ながら、行為のひどさはどの程度で、動機はどの程度で、では死刑。という、いたってメカニカルな世界です。深い哲学は何もないのです。

私は、深い哲学はあってほしくないと思うのです。法律は、メカニカルでいいのです。たとえば、「あなたは仏教徒でしょう、仏教では殺生《せっしょう》するなかれと言っているでしょう」と、裁判官が言うと困るのです。無神論者は人を殺しても仕方がないけれど、あなたは仏教徒だから死刑。それでは困るでしょう。ただ法律書を参考にして、データが揃っているかどうかを見て、「では、この刑」というふうに決める。

法律と人の道徳、生き方を混ぜて見ないほうがいいと思います。トラブルが起こるのですよ。人を殺したら犯人が悪人だと、どうやって判断するのでしょうね。鳥が飛んできて川の魚をパッと獲って食べてしまう。あの鳥が犯罪を起こしているのですか。どうやってそれは悪いと決めますか。互いに殺し合うというのは人間の世界だけにあるから、人間が一層おかしいのが見えるだけで、犬が犬を殺すのはなかなか見つからないし。魚は魚を食いますけれど、同じ種類同士ではあまりやらない。人間は人間を食べることはしません。殺しは、動物の世界でもよくある。一部の植物もけっこう殺しますからね。罠《わな》を仕掛けて昆虫を。

悪人とは誰か

はい、ここで質問に戻ります。社会的にみんなが悩むところは、すごく残酷な人がいて、何人かを殺してしまって、それで誰かがその人を殺したと。それほど犯罪者が悪いと思えないだろう、という程度の考えでしょうね。

私たちは、社会で起こる出来事について、いろいろな感情を引き起こすのだけれど、ちょっと気をつけたほうがいいところもあります。

大人だけではなくて、子どもだって考えている。家族を何人か殺した犯人が堂々と生活して、警察にも捕まることなくいると、被害者の一人が殺しても悪くはないだろうと思ったりする。推測的なストーリーですけれど。要するに、犯罪者は悪いと断言的に決められない（もともと被害者なので）という理論でしょう。

そこで問題が起こるのですよ。私たちは関係ないことを妄想して、心を汚してしまうのです。昔、日本であった事件は、中学生の子どもが仲間を殺してしまったのです。それで、何てひどいことかと、この犯罪を起こした子どもの家族も非難され、攻撃されてしまったことがあります。それって道徳ですか。たとえば、殺人事件が起きたら、その犯罪者と一緒に住んでいた家族もどこかに隠れて、誰にも知られないところに引越ししなくてはいけない。あれって何ですかね。この家の人が人を殺したなら、警察が来て、その人を捕まえて、法律的に調べて法律的に罰を与えればいいでしょう。その人のお母さんが、なぜ逃げなくてはいけないのですか。

私は、悪人は誰だろうかと、すごく疑問に思うのです。各テレビ局からレポーターが来て、同じ質問をして。テレビ局の連中にも、何か新しいアイデアを出す能力はないのです。朝、あるテレビ局が割り込んで無理矢理お母さんにインタビューする。どうしようもなくて答えたら、また別な局がきて、同じ質問をしてまた責める。悪いのは誰ですかね。

私の国（スリランカ）では、誰かが犯罪を起こしても家族は引越ししませんよ。まわりの人は行って心配してあげるのです。大変ですね、とか。逆に、あいつは本当に何を言っても言うことを聞かない人だから、お母さんも心配するなよと。私の国だったら一人の人間がおかしいことをやってしまうと、村人はみんな自分の責任だと思ってしまうのです。あいつを育てることができなかった、失敗しましたと。だから、何のこともないのです。子どもが逮捕されても、お母さんもお父さんも堂々と生きていく。みんなに悩みを打ち明けて、本当に大変だとか。

自分のことを考え直してほしいのです。テレビのニュースを見て、ああやっぱり仕方がない、あいつを批判するべき、裁くべきだとか。あの家族は何なのかとか。そこに大きな問題があるのです。

人の間違いは他人に裁けない

人は生きているうえで、いろいろな失敗をします。人がする失敗リストの中で、まあ人殺しもあります、うそをつくこともあります。約束を破ることもあります。仕事をごまかすこともあります。人はいろいろな間違いをしますよ。その中で銀行強盗や、人殺しや、コンビニ強盗や、いろいろなものがリストにある。それだけでしょう。自分が犯した間違いのリストにそれがないだけで、誰だって偉そうなことを言えません。

間違いは、それなりの関係あるところで処理するのです。コンビニ強盗をしたら、それなりに処理する。中学生がちょっと万引きをしたら、裁判には連れて行かないですよ。学校の教師と親が来て、何でそういうことをやったのか、とか、その子の心の問題を直してあげる。

今、私の国でもあることですけれど、食べるものがなくて、食べるものを買うと、今はもう三〇〇倍、四〇〇倍に物価が上がっているのです。収入は上がっていないでしょう。生きられません。だから、政府のシステムを変えようと国民が思っているのだけれど、政府は選挙しませんと決めているのです。俺たちはこのままやるぞと。そのうち国全体で殺し合いが起こると思いますけれど。一部の人々が税金を握ってしまっているのです。

そこで、ときどき家に誰かが来て何か盗んで持って行っても、「ああ仕方がない」と言う人はいるのです。実際、仕方がないでしょう。たとえば、子どもに食べさせるものが何もなくて、丸一日子どもの食べるものがなくて、二日目もあげるものはない。お母さんがちょっとどこかに行って何か盗んできて食べさせたら、仕方がないでしょう。お母さんが隣の金持ちの家へ行って窓ガラスを割って、何か持って行ったなら。

そんなふうに、我々はテレビニュースを見ながら、あの人は悪人だ、この人はよい人間だと、肩を持つことはやめたほうがいいのです。

たとえば、裁判で殺人者は有罪と決めてしまうと、看板のようなものを掲げて、すごく喜ぶ人がいるでしょう。私は、あれはけしからんと思うのです。被害者たちが、死刑をお願いしますと。裁判に対する侮辱でしょう。日本では気にしないけれど、外で死刑をお願いしますとプラカードを持っていたら、みんな裁判侮辱罪で捕まったほうがいいのです。何だ、この人たちの性格はと。裁判官が証拠を見て、証拠が揃ってないから無罪だと言ったら仕方がないでしょう。何でそんなに落ち着きがないのですかね。なぜそこまで汚いのですか、人の性格は。そこまで汚い性格を持って、人に指をさす権利があるのでしょうか。

仏教的に言うのは、証拠が揃って、有罪になって、死刑も決定したと。すると、この被害者のグループはものすごく万々歳で喜ぶ、パーティでもやってしまうでしょう。人を殺すことを喜んでいるのです。犯罪を起こしたとか、誰だって間違いを起こすのだから、自分の間違いリストに人殺しがなかっただけでしょう。他人の間違いリストに人殺しがあったのです。自分たちも人殺しに参加していることに気づかないのです。

何で余計なことで罪を犯すのですか。テレビを見ながら、よかったよかった死刑が決定して、というと、自分が人を殺すことに参加しているのです。この犯罪者も人間だから。その人をこれから殺すことをよかったと思っているのです。

家族を失って正しい生き方を教える人たち

私は素晴らしいと思ったケースが一つあります。アメリカのテロ事件で、みんな恨み、憎しみを持って、結局イラクやアフガニスタンを攻めたでしょう。アメリカ人がものすごく恨んでね。弱い人をみんな殺してやるぞ、とか。アフガニスタンにしても、イラクにしても、どっちもだいたい被害を受けているグループだから。

一人の白人のおばあちゃんは、自分の子どもが死んでしまったのです。一人だけではなくて、テロを受けた建物で仕事をしていてね。すごく悲しくなって、これは恨んでも意味がないのだよといって、ボランティアに入ったのです。犯罪だ、悪人だと言っているところに行って、ボランティア活動をするのです。なるほどこの人は立派だと。

日本でも、自分の子どもを殺された人が、我が子を殺されることがいかに悲しく耐えられないことかよくわかって、この悲しみを人間に与えてはいけないといって、正しい生き方を教える人間になったことがあります。

日本には青少年のそういう場所がいろいろありますね。その人は、犯罪を起こした青少年がいるところに行って、まともに生きることを教えてあげているのです。自分のストーリーを語って、私は自分の子どもを殺されてしまって耐えられない悲しみにおちいったと。ですから、皆さんもこれからまともな人間でいてほしいと言って、講演が終わったら深く頭を下げるのです。子どもが亡くなった悲しみを、そういうふうに語り、教えているのです。

私は、立派な菩薩《ぼさつ》がいるなあと思いました。恨みではなく、犯罪を起こそうとする弱い人々を助けてあげるのです。なぜかというと、自分が犯罪の被害者になったのだから。これがどれほど悲しいかとわかっているのだから。他人にはこの悲しみを与えたくない。だから、犯罪者を殺しただけでは、問題は解決しませんね。

戦争犯罪という悪の根源

とにかく我々は、誰の肩も持たない。犯罪は世の中で起こる。どんな人間も何かしら間違いをする。間違いをリストアップすると、個人スケールでは殺人は一番上なのです。グループスケールでは戦争まであるのです。大量に自然破壊をする。爆弾一つで壊す建物・ビルをつくるために、爆弾一つで壊す橋をつくるために、どれぐらい財産や労力がかかるのでしょうか。

一発で壊す。それって人間ですか。大きい橋をつくったら二〇年も三〇年も使える。たくさんの人々が助かる、行ったり来たり、いろいろな経済活動が起こる、旅行もできる。それを三〇分で壊す。そんなことをやって、人間だと言うつもりですか。戦争は誰がやっても悪いに決まっているのです。

そこで、この犯罪リストはみんな平等にやるわけではないのです。人間は誰だって何かの間違いはする。人間は誰だってうそをついたことがある。人間は誰だって人のことを恨んだことがある。人のことを嫉妬《しっと》したことがある。罪のリストがあって、それぞれの人がそれぞれの点数を取っているだけ。本当は一つもやってはいけない。一つもやってはいけないのだけれど、人間だから、感情的になるから、いつだって物事をしっかり理性で判断しないから、精神的に弱くなる時もあるから、何かやってしまいますよ。それを取り上げて、あなたは悪人だという。その性格が悪の根源なのです。

悪の根源を持って道徳をしゃべる必要はなくなってしまうのです。

私が言いたいのは、あまり感情的なことに乗ってしまうと、自分も罪に汚染されます。国二つが戦争をして、一つの国の肩を持ってしまうと、その国の人が相手の国の人を殺すたびに、自分が喜ぶでしょう。余計なことで罪を犯しているのです、関係ないところで。なぜなら、メインファクターは心なのです。物質ではないのです。命は心ですからね。だから堂々と罪を犯しているのです。戦争があるところに行ったこともない。テレビでしか見たことがない。しかし、精神的に参加してしまったのです。

私は、戦争をする両方に対して、どこまでアホかと、犬猫にもわかることを、あなたたちはわからないのかと思います。私はやっぱり生命というのは愚か者だなと思う。偉そうに科学、科学と言いながら、何一つも生きることに使っていないでしょう。生きることに、科学は使ってほしいのです。生きることに理論を使ってほしいのです。客観的なデータに基づいて判断してほしいのです。それを教えなくてはいけないのです。子どもはすべて知識を持って生まれるわけではないのだから。それを教えることが、本当の道徳だと思いますよ。

人間は本来、武器よりも大きな力を持っている

殺すのは、臆病者でしょう、おびえて殺してしまったと。そうではなく、「いえ、私は殺しません。あなたは、私の家族を殺しましたね。でも、あなたは平和で生活してください。何か助けてほしいものありますか」と。それが勇気でしょう。それってすごいことでしょう。犯罪者を被害者のグループが助けてあげたら、犯罪者がそれだけで立派な人間になることでしょう。「ああよかった、私が人を殺すと、その家族は私を助けてくれる。だからもう一つの家族を殺す」。そんなふうにはならないでしょう。

それは裁判官にはできないでしょう、法律にもできないでしょう。刑務所に入れても、その人を立派な人間に正すことはできないでしょう。我々一般人には、できますよ。偉大なる力を持っているのです。鉄砲よりは。

愚かな連中ですよ、武器をつくるのは。ヨーロッパ人が鉄砲をつくって、アジア人をめちゃくちゃに殺したでしょう。鉄砲がない我々は、いたって平和でいたのに、互いに助け合っていたのに。

我々は家をつくるのだけれど、まあ雨が漏らない程度で、蚊が入らない程度で、ドアはロックしなかったのです。昔は、家でご飯をつくると、何人が食べるかわからないのです。自分の家の子どもと旦那にご飯をつくる程度ではなくて、釜とかでつくって、隣の家に、あなた今ご飯を食べる時間です、食べていきなさいという態度で。今は、これは一切できないのだから、いかにすごいことだったかと。

現代に生きる若者たちは、ニュースやテレビ番組をあれこれ見ていますが、特に人の心を汚す目的でニュースはつくられるのですよ。みんな怒り、嫉妬《しっと》、憎しみで燃えているのだから。そういうふうにプログラムを組むと、人は見るのですね。ニュースというのはニュースではなくてただの作品なのです。何かビデオクリップを撮ってつなげて、ストーリーを付けて、有名人を入れて、ニュース界の有名なニュースキャスターたちを使ってストーリーをつくるのです。それを繰り返しリピートするのです。

質問53

ニュースでは本当のことを教えてくれないのでしょうか。

ニュースというのは一つの作品ですよ。作品は、ビデオクリップを撮って、ニュースをつくった人のアイデア、プレゼンテーションですから、その人のストーリーなのです。だから今、英語ではニュースというのはストーリーだとはっきり言うのです。ニュースの解説でしょう。解説と言ったとたん、その人の考えでしょう。解説しなければわからないかも、という考えで。でも、それが絶対的真理というわけではないのです。

直々《じきじき》に神がしゃべったという聖書、コーランをみても、論理・理論で読んだらおかしいところはいっぱいある。神がしゃべっても間違うのだったら、人間の解説が間違うのは当たり前でしょう。

昔、日本で有名なニュースキャスターの人が、とても能力のある人ですけれど、ニュース解説をするのを見たことがあります。あなた、けっこうデータを捨てているでしょうと私は思った。能力がある人だから、データを切ったのです。でも、ニュース解説を見てみると、いやになるほど偏見なのです。何が起きてもアメリカ側が正しいと断言するのです。いくら何でも、それはありえないでしょう。完璧で正しいと断言する人間がいれば、それで問題は終わってしまいますからね。

とにかくニュースというものは、ニュースをプレゼンする会社も、ニュースをつくる人々も人間だから、みんなに見てもらうニュース・ストーリーをつくるのです。わかりやすく言えば、一種の芸術作品と同じです。芸術作品はほとんど頭で考えるのだけれど、ニュースはいろいろ実際のデータをつなげていく。日本のテレビで北朝鮮のニュースの場合は、ずっとビデオ。データのファイルがあるのです、昔から撮ったものが。そればっかり流すでしょう。だからうそでしょう。本当にその時起きた出来事は、ビデオではないのです。同じビデオの画面を繰り返し、繰り返し見なくてはいけないです。それを理解しましょう。完璧に否定する必要もないし、完璧に乗る必要もないのです。その中で、チラチラと見て、何かニュースが出ているなと、それだけを理解すればいいのです。

命とは、慈しむ心

道徳とはどのように生きるのかということで、それには決まりがあるのです。自分だけではなくて、すべての生命は生きていきたいと思っているのです。生きていきたいと思っているのだから、「生かして生きる」ということになるしかないのですね。根本的に、生きることはほかの生命を奪うということになっているのだから、ものすごく気をつけて生きていなくてはいけないのです。

そこで一番の解決策というのは、生命を慈《いつく》しむことなのです。

生命は、みんなよく見ると被害者だよと。生きるメカニズムにハマっていて、仕方がないのですね。たとえば、昆虫を獲って食べる生命は、どうしようもないのですね。昆虫の命はどうでもいいのだから、パッと獲ってしまうのです。だから、存在という残酷なシステムに、食うか食われるかというシステムにハマっているのです。食うか食われるかというシステムだから、食った人の勝ち、食われた人の負けということで、物事はうまくいかない。けっこう難しい。

ここで生きることが道徳なのです。

自分の寿命をまっとうするまで、生かして生きる。ほかの生命も同じ気持ちを持っているのだから、生かしてあげる。だから、嫉妬《しっと》することは成り立たない、恨むことは成り立たない。嫉妬したり恨んだりするのは、データに基づいて考えていないからなのです。当然、存在の中で自分より能力がある人はいる。自分より美しい人がいる。自分より知識がある人はいる。自分より財産を持っている人はいる。もう仕方がないのですね。

その人に嫉妬、怒り、憎しみを抱いても、自分が毒をまいて、まいた毒を自分で刈り取るはめになる。そうすると、せっかくの自分の寿命は、与えられた寿命は生きられなくなってしまいます。

命は心ですから。心は物質ではないのだから、物質が壊れたからといって、心は壊れる保証がないのです。危険なことは、心はつながっていくということなのです。だから、今《こん》世《せ》ではなくて来世《らいせ》でも自分の心の使い方、マニピュレーション（操作）、心の管理を間違うと、来世、来来世《らいらいせ》、延々とそれが続く可能性はあります。だから、不道徳の結果は、この世だけではないのです。人を嫉妬したら、今、不幸になっただけではなくて、嫉妬する癖がついたのだから、その心は自分と一緒にずっといるのだから。とても危険なことになるのです。

そういうことで、清らかな心で、慈しみの心で生活すれば、それが道徳の世界になります。

質問54

SNSやゲームをひとたび手に取ると、なかなか手から離れないのはなぜでしょう。

質問55

人間がゲームに打ち勝てないのはなぜでしょうか。

これは心に、欲、怒り、嫉妬《しっと》、憎しみなどの感情のリストがあるからです。感情というのは、いくら言ってもやめられない状態なのです。感情には理性がないからです。たとえば、何か食べてみたらまずい。だったら食べない。そこに理性がはたらくのです、データがはたらくのです。ものがある、食べて味わう。味もデータでしょう。自分にとっては好みでない。だから食べない。しかし感情は、データでなくて感情、怒り、嫉妬、憎しみ、落ち込み、興奮することとか、あれこれと感情のリストがあります。たとえば怒りが出たら、怒らなくてもいいのに怒るのです。怒っている時に誰かが水を持ってきて、じゃあ喉が渇いたでしょう、水を飲んでくださいと言ったら、それにも怒るのです。頼んでないだろう、とかね。そうやって、細菌が広がるような感じで広がるのです。

ＳＮＳ、ゲームというものは、何となく快感を感じるのです。それは感情ですね。もっと感じたい、もっと感じたいとなるのです。いわゆる麻薬効果なのです。麻薬を使うと脳の中で何か化学物質が出てきて、それで快感を感じてしまって。これは人工的にできたものだから、物質がなくなったらもう終わるのです。そうすると、また物質を入れて、その快感を感じるのですね。依存するのです。

だから同じ働きですね。ＳＮＳやゲームを手に取ったらなかなか、何か面白くてもう離れられなくなってしまうのです。

ゲームには勝てませんよ。勝てないようにゲームは仕組まれているのだから。これは別にどうってことはないのです。すぐにゲームに勝ってしまったら、ゲームをつくっていても儲からないのです。勝てないようにアルゴリズムを書くのはいたって単純です。難しいのは、勝てそう、勝てそうという錯覚を起こすことです。そういう仕組みでアルゴリズムを書いていくのです。勝てそうというところで、勝っていくと、ラストステージになってくると、世の中でコンピューターにさえ勝てないようにプログラムを組むだけです。いたって単純なエンコーディングなのです。

ゲームで難しいのは画像処理とかそんなところです。リアルに見せかけるとかね。

質問56 楽しいことが何もない時はどうすればいいですか。

楽しいことは何もないのだったら、ただ散歩して、道端の草でも調べればいい。いろいろな雑草があるでしょう。えらく存在感を持って、自分をアピールしています。葉っぱの形とか、ああ頑張っているなあ、ということがわかるでしょう。ちょっと昆虫でも見てみるといい。昆虫もけっこうおしゃれでね。自分のアンテナ（触覚）とかをきれいにしたり、いろいろ頑張っている。そういう姿を見てみると、何となく楽しいという低次元なことではなくて、もう少し立派な心になると思います。

散歩したり、物事を調べたり、雑草でもいいから調べてみたりする。毎日見ている葉っぱであってもいい。たとえば、五枚で出てくる葉っぱであっても、ときどき一枚が抜けているとか、一枚形が壊れているとかがあるのです。そういうことを調べるのもいいでしょう。

質問57
お金をすぐに使ってしまう癖をなくすには？

質問58
お金の使い方はどうあるべきだと思いますか。

お金というのは一つのからくりですから、ちょっと経済学的に計算で考えればいいでしょうね。千円あったら、千円の価値あるものが買える。何でも買うわけではないでしょう。自分にたくさんの喜び、充実感を与えるものが買えればいいでしょう。しかし、おなかもすいているし、千円しかないとする。マンガも買えるし、ご飯も食べるし、というなら、たとえばご飯を食べたほうがいい、とかね。自分にとって一番ポジティブな方法で使うとかね。

もっとわかりやすくしましょう。千円を持っている人には、この千円に幸福、喜びを与える力があるのです。この力を最大限にもらいましょうと考えればいいのではないでしょうか。すぐ簡単に使ってしまうのではなく。千円を持っていて、何かゲーム機があって、ゲームをして負けても、喜びは何も得ていないのです。では、千円で何か食べるものでも買おうかとなる。千円で食べるものを買って、パッと口に入れてしまうとそれで終わり。そこで、千円で大きな袋に入っているお菓子袋を買うと、一個、一個、一個と食べて、二時間も楽しめるとかね。一分で食べるものを買うか、二時間も食べられるものを買うか、とか、それはその時、その個人が決めればいいでしょうね。

最高のベネフィット（利益）を得られるように、お金を使うのですよ。お金の使い方は、そういう使い方なのですね。

それから、人の欲求はよくわからないものです。明日どうなるかわからないのだから、お金はすべて使うのではなくて、万が一何かあったらというところで、いつでもちょっとお金を残しておいたほうがいいのです。千円をもらったら千円も使わないで、せいぜい百円ぐらいポケットに残るようにする、というやり方です。

質問59

なぜ大人は夜更かししてもいいのですか。

夜更かしは誰にだっていいわけではないですよ。大人は仕事がへただから、怠けているのだから、仕事がたまって、夜更かしするはめになるのです。しゃんとして生きているなら、ちゃんと夜寝られる時間はありますよ。仕事をして疲れてしまって、夜に酒を飲んで朝まで遊ぶとかね。仕事をすることで喜びを味わっていないのです。へたですよ。疲れてしまったから、仕事が終わって仲間と一緒に飲まなくてはいけないというプログラムをつくってしまうのです。それで健康もおかしくなって、能力もなくなってしまって、次の日さらに仕事はうまくはかどらない。そういうことで、悪循環をつくってしまいます。

夜寝るということは、大人も、子どもも、誰にだっていいことなのです。大人は自分の失敗を知っているから、子どもには、寝なさいと親切に言うのです。子どもの頃だけでも夜寝て健康でいてほしいと。大人になったら、あなたも同じはめになりますよ、ということでしょうね。夜更かしはいいわけではないのです。

知識系の仕事の場合は別です。知識系の仕事をする場合、考える仕事、ものを書く仕事とか、作品をつくる仕事とか、音楽をつくる時とかは、もしかすると夜のほうがコンディションがよくなる場合はあります。その人は昼に寝ますからね、全然問題ないのです。

特に音楽作品をつくる時、録音している時でも、一か月間いろいろチェックするでしょう。音は夜きれいに出ます。楽器とか、人間の声とか、夜になるとよりきれいな音は出ます。だから、ずっと徹夜してするのです。そして朝寝る。ああいう人々が朝に起きますというと、午後になったりするのです。だから、その時におはようございますと。芸術の世界ではね。午後八時にスタジオに入っても、「あっ、おはようございます、おはようございます」とみんなに言うでしょう。だから、その世界はその世界で。

それでも自然法則から見れば夜寝たほうがいいのです。芸術世界の人も自分の健康を削っていますよ。

質問60
この世界って何ですか。

この世界は何ですかという、質問としてはしっかりした質問ですけれど、しっかりした答えはないのです。私たちにとっては世界はああである、こうであるとか説明してあげても、何の役にも立たないのです。それより、具体的に役に立つ世界観を持ったほうがいいのです。

それはどういうことかというと、これは理解できなくても理解してほしいのです。世界とは自分に見える、考えられる、感じる範囲なのです。もっと面白い言葉で言えば、世界は自分でつくっているのです。私は、私がつくった世界で生きているのです。ほかの人々も、自分がつくった世界で生きているのです。

私は今、三人としゃべっているとします。三人とも「いえ、私たちは別々だ」と思っても、私の心でできあがった三人にしゃべっているのです。その三人とも、自分たちの世界を持っているのです。私がしゃべっている三人の世界では、私という人も存在しているかもしれませんが、それは私ではないのです。それは、それぞれの人がつくった世界にいる私なのですね。

家庭で考えても同じ。お母さんには、お母さんがつくった世界があるのです。お母さんがつくった世界に家族がいるのです。息子には、息子がつくった世界があるのです。お母さんがつくった世界でお母さんとは自分なのですね。息子がつくった世界では、お母さんというのは別な人間なのです。自分を管理したり、いろいろなことをやっている人なのです。

自分を向上させる世界を自分でつくる

そういうわけで、各人は自分の眼、耳、鼻、あれこれから入る情報から自分の世界をつくっているのです。その世界に合わせて生き方を組み立てていく。自分として苦しいと感じたら、それは自分がつくった世界なのです。たとえば、ある人は、「私のことをいやがっている人々がいるんだよ」と。学校の仲間が私のことをなんか無視しているとか、いやみを言っているとかいって落ち込む。それは自分がつくった世界でそうなるのです。

だから、自分でよりよい世界をつくってしまえばいいでしょう。そうすると楽に生きられますね。

たとえば、自分の世界で、いやなことをする人がいる。この人は、いつでもいやなことばっかりして、「もういやだ、この人はいないほうがいい」とか、自分の世界でそう考えて苦しんだりする。それである日、自分で気づいてしまって、「いやなことをされると、私は自分の能力でどう対応するのかと考えたほうがいいのではないか。それは宿題を出されているんだ」と、生きる宿題が出されたら答えるのは私の仕事だと思う。いやな人々はいろいろ宿題を出していると考える。または、あまりにも自分のことをほめたたえるけれど、この人々は宿題を出さないで私をおだてているだけだと。それで調子に乗ってしまうと、私がだめな人間になる。だから、何を言われても謙虚でいるのだと考える。

というふうに、自分の世界を論理的に、自分が幸福になるように、自分の能力が上がるように、自分の人格がどんどん向上するように自分の世界をつくってください。

火星は地球からどれぐらい遠いですかとか、火星の一年は何日かとか、そんなことはどうでもいいのです。銀河系はどんなものでしょうか、銀河系は回転してどこまで行くのかとか、ブラックホールは何なのかとか、あまり自分の人生にそういうものは関係ないのです。関係あるのは実際のプラクティカル世界。物理的なフィジカル世界はあまり気にしないでください。物理的な世界は、学校の教科書で学んで、ネットでもデータを見て楽しめばいいのです。

たとえば、NASAのサイトにアクセスしたら、宇宙の情報はいくらでも出てくる。あそうですかと、マンガを見ることと同じです。自分の人生に役に立たないのです。私が面白く思ったのは、地球と同じ、もっと生命が生きやすい環境の惑星が見つかりましたと。でも二万光年先にあるから関係ないのです。何だかSF映画みたいに面白がっているのですね。それはそれで、マンガを見て楽しむ、映画を観て楽しむという感じで、インターネットからいろいろ情報を得て楽しむということにしておく。これは楽しみです。

自分で自分が生きる世界をつくるのです。その世界で自分がいかに能力を上げるのか、いかに自分の人格を向上させるのか、いかに幸せに生きるのかと。幸せというのは、心に起こる喜びであって、充実感であって、外にあるものではないのです。いい車があったら幸せ、いいオートバイがあったら幸せ、そんなものではないのです。いいオートバイを分割払いで買っても、気に入らなかったらどうしますか。友達がもっと格好いいオートバイを持っているなら、何となく自分の立場が下がるでしょう。

そういう世界で生きているのではなくて、自分で充実感、楽しみを感じる、毎日自分を向上させる、毎日自分の性格がよくなるように世界をつくればいいのです。

質問61 人生の真実にたどり着くにはどうすればいいですか。

人生の真実って。人生の真実とは何ですかと、質問した本人に聞いてみないといけません。

人生というのは流れるものだから、停止しませんよ。地球が止まることなく回転するような感じで、自分の人生も一秒一秒単位で変わっていくのです。変わったものは、終わったもの、終わったら、また再現はしません。ですから、特別に真実というものはないのです。ただ変化するのだと、それだけですよ。たとえば、今日は二月二五日。それは二四時間しかないのです。永久的に再びは現れないのです。

自分の人生も、そういうふうにずっと流れて変わるのですよ。だから命は瞬間だけだと思ってしまえばどうですかね。その瞬間だけで、失敗しないで、後悔しないようにすれば。

それは大げさなことではなくて、今の瞬間だけ失敗しない、後悔しないようにする。瞬間だけの勝負です。それができたら、もう人生の真理にたどり着いたことになります。

その人に問題は全然起きないのです。いつだって「今」、今はうまくする。今だけという小さい範囲だから、失敗しないのです。過去と将来を持ってきてごちゃごちゃにしてしまうと失敗するのです。今、人としゃべっている、それから「この人は何を思うでしょうか」とか、「明日になったら何を考えるか」と思ってしまうと、ろくにしゃべることもできなくなってしまうのです。

ということで、すべては無常で変化するのだ、実際にあるのは今の瞬間だけだ、その瞬間だけ失敗しないでしっかり生きてみるのだ、ということに心が変わったら、人生の真実にたどり着いたことになるでしょうね。

質問62

三時間だけ自由にできる時間があるとするなら何をしますか。

その時の気分次第でしょう。

私は、だいたい知らないものを知ろうとするのですね。いくら年をとっても新しいもの、世の中は変化するのだからアップデートするのです。今アップデートしても、私の機械が、脳みそが古くて、スローで動くのだけれど、昔はかなりスピーディにアップデートしたものです。やっぱり、自由な時間があったらアップデートしてください。

質問63 毎日のモチベーションは何でしょうか。

個人的に、私にはモチベーションはないのです。やるべきことをやる。やるべきことがないのだったら、アップデートする。今日も昼ご飯が終わってから、いろいろ新しいデータを取って、アップデートしていたのです。インターネットで楽しんでいるわけではなくて、ずっとアップデートしているのです。

質問64

人生の中で一番うれしかったことは何ですか。

一番というのは何一つないのですね。

すごくうれしかったことのためには、すごく悲しかった、失敗した、落ち込んだことも必要でしょう。小さい時から、物事を知らない時でも、やっぱり楽しく生きてきたのですよ。だから、一番うれしかったことはないのですね。

人間にとっては、何かすごいことに頑張って挑戦して、たとえば大学受験するとする。それも、難しい大学に。今は、競争の激しい大学は日本にあまりないのだけれど、私の国ではすごい競争です。ほんのわずかな学生しか大学に入れません。競争が激しい大学に挑戦すると、ずっと勉強して勉強して、合格したら楽しいでしょうね。そうやって長いプログラムがあって、そのプログラムの苦労が多いし、疲れることが多いし、トラブルが多いし、それでも乗り越えていって、目的に達したらうれしくなります。

そういうことで、人生に一番うれしかったことがありますということは、一般の世界ではあり得ると思います。

毎日、瞬間、瞬間勝負してうまく行っている人にとっては、別の、次のテーマに行くだけです。

質問65 人生で一番の幸せは何だと考えますか。

これは私に個人的なことを聞いているのだから、答えても理解できないと思いますよ。俗世間では、一般の世間では、みんなに幸せと思う時があるでしょう。何か問題がある、何か不安がある、何か苦しみがあるのですね。そこがなくなると、ああ幸せということになってしまうのです。

たとえば、自分が家で食べるものは面倒くさくて、カップラーメンでも食べようかなと思ってお湯を入れようとしていると、突然誰か、親戚のおばちゃんか誰かが来て、けっこうご馳走の弁当を持って来た。「あんた、まだ昼ご飯食べてないでしょう。これ食べなさい」と言うと、うれしいのです。幸せなのですね。カップラーメンを食べようとしていたのだから。そこで、おばちゃんが弁当を持って来て、うれしく感じた、幸せを感じた。その時、少し前に苦しみがあったのです。いやなことがあったのですね。

そうではなくて、自分がおなかいっぱい食べてから、テレビでも見ようかなと思ったら、おばちゃんが豪華な弁当を持って来て、「これ食べなさい」と言うと、「ああ我が輩は幸せだ」とは思わないのですね。「もう食べたばっかりなのに」と、おばちゃんに文句を言うのです。もうちょっと早く来たほうがよかったのに、とか。

そんなものですね、人が考える幸せは。いつでも何か不満、何か不幸、何か苦しみがあって、そのうえで、それがなくなったことが幸せなのです。

病気の人には、ちゃんと治療が受けられることが幸せなのです、病気が治ることが幸せなのです。病気にかからないで健康にいる人にとっては、かわいそうに、あの幸せは感じないですね。ときどきひどい病気にかかったところで、今まで健康で幸せでしたとなっても、もうあとの祭り。「昔、幸せでした」というのは最悪です。昔はよかったとか、年をとったらよく言いますね。最悪なのです。最悪というのは文字どおりの最悪ではなくて、一般的な最悪。

人の役に立つという幸せ

「今は幸せ」と言うと、ちょっと前に、ちょっと先に、何かあったのです。受験に合格して幸せを感じるのは、試験勉強中に苦しみがあったからなのです。世間である幸せは、そのように対照的です。

ではは対照をはずしてみると、必要なものはあえて何もないのです。別に興奮する刺激もないし、必要なものはないという状況が、変わらない幸せなのです。

そういう人々には、こうやったら幸せ、ああやったら幸せということはないのだから、ただいるのではなく、人の役に立つことをする。それで何か期待しているわけでもないのです。自分にとっては得るものはないのだから、人生の残り、力を使って人の役に立つようにする。

これが仏教的にいう幸せなのです。一般にはちょっと理解しにくいから、けっこう学ばなくてはいけない。人生について、生きることについて、存在について、学んでいくと理解できることです。

おわりに

何でも自分で考えるということで、いつでもデータに基づいて考える。異論を持つことにおびえない。自分の意見に、考えに合わないものだったら、ちょっと反対意見を出してみる。そうやって一人一人が自分の人生を築いていかなくてはいけないのです。言われるとおりに生きるのは、あまりいいことではないのです。

だからといって、言われることに猛反対することも意味がないのです。なぜなら、誰だって知っている量は少ないし、世の中の人が知っていることや経験とかを、全部まとめてみると膨大なのです。人の話、人の経験を聞くことは、どんなことでも役に立ちます。だからといって、完全に依存する必要はないのです。

どこかに旅行に行くなら、人々の経験・データから、どういうふうに行くのか、どれぐらい時間はかかるのか、ホテルはどこにあるのか、何をするのか。遊ぶプログラムも、パンフレットとかいろいろあるのだから、その地方で宣伝しているものもある。そういうものを見て、じゃあこういうことをやりますと企画を立てる。それは人から学んだものです。だからといって、そのとおりではなくて、実行する時は自分で行って、自分で考える。

そういうことだから、人の話は聞くのだけれど、完璧に乗るということはしない。自分で納得するまで、納得してから行動に移る。何でもかんでも信じるのは、とんでもなく危険です。

データがあったら、それなりに考える。みんな知らないことを、知りようもないことを信仰するのです。いらないのですね、そんなものは。たとえば、死後があるかないかということ。これは知るよしもないのです。死後はあると信じますというと、どうぞ信じてくださいと。死後がないと信じます、どうぞ信じてください。どちらだって役に立たない。あってもなくても、あなたはどう生きるのかということが自分の宿題でしょう。

そういうことで、何でも鵜呑《うの》みにすることと、信仰することというのは気をつけたほうがいい。それだけです。自由に生きてほしいのです。

自由というのは心の問題です。身体は自由にならないですね、結局は。

自分に正しい判断ができて、その判断どおりに生きるなら、自由を感じるでしょう。判断は正しければ、まわりが反対しても自分にはそれを弁解することはできますから。曖昧《あいまい》な判断をして、まわりがそんなことはやめなさいと言うと、自分も曖昧で中途半端な状態になってしまって、やりたかったことをやめたりする。やめてもどこかで、「やりたかったのに」という気持ちも残してしまう。親が、大人が反対したからやめただけだとか。

判断する時は、ちゃんとしっかりと判断して、行動すればいいのではないですかね。それで自由を感じると思います。

しかし、社会人としては、社会の決まりがありますし、人間というのは単独で生活できないのです。みんなの命はつながっているのです。それを理解してほしい。我々は、簡単にシャツを着るのだけれど、着られるシャツになるまで、たくさんの人々が関わったのです。コンビニで食べるものを買ってきて、チンして食べるのだけれど、シンプルなことではない。その裏に、たくさんの人々が仕事をしているのです。社会システムが成り立っているのです。それを少しは感じたほうがいいのではないかなと思います。

はい、以上です。

著者

〈著者略歴〉

アルボムッレ・スマナサーラ

スリランカ上座仏教（テーラワーダ仏教）長老。一九四五年、スリランカ生まれ。一三歳で出家得度。国立ケラニヤ大学で仏教哲学の教鞭をとる。一九八〇年に国費留学生として来日。駒澤大学大学院博士課程を経て、日本テーラワーダ仏教協会で初期仏教の伝道に従事。『ブッダの智慧で答えます　生き方編』（創元社）、『原訳「法句経」一日一話』（佼成出版社）、『怒らないこと』（サンガ新書／だいわ文庫）、『小さな「悟り」を積み重ねる』（集英社新書）、『70歳から楽になる　幸福と自由が実る老い方』（角川新書）など著書多数。

ブッダの智慧《ちえ》で中高生《ちゅうこうせい》の悩《なや》みに答《こた》えます

二〇二五年一月二〇日　第一版第一刷発行

著　者　アルボムッレ・スマナサーラ

発行者　矢部敬一

発行所　株式会社　創元社

〈本　社〉〒五四一-〇〇四七　大阪市中央区淡路町四-三-六
電話（〇六）六二三一-九〇一〇㈹

〈東京支店〉〒一〇一-〇〇五一　東京都千代田区神田神保町一-二　田辺ビル
電話（〇三）六八一一-〇六六二㈹

〈ホームページ〉https://www.sogensha.co.jp/

本書を無断で複写・複製することを禁じます。
乱丁・落丁本はお取り替えいたします。
定価はカバーに表示してあります。

組版　はあどわあく　印刷　TOPPANクロレ

ISBN978-4-422-14032-2 C0015